Nahaufnahmen

RuhrgeBEATgirls

Ilse Jung

RuhrgeBEATgirls

Die Geschichte der Mädchen-Beatband
The Rag Dolls
1965 - 1969

Die Deutsche Bibliothek verzeichnet diese Publikation
in der Deutschen Nationalbibliografie.
Detaillierte bibliografische Daten sind im Internet abrufbar unter
http://dnb.d-nb.de

Besuchen Sie uns auch im Internet:
www.marta-press.de

1. Auflage September 2016
© 2016 Marta Press, Verlag Jana Reich, Hamburg, Germany
www.marta-press.de

© Umschlaggestaltung: Niels Menke, Hamburg
unter Verwendung eines Bildes von © Ilse Jung
Printed in Germany.
ISBN 978-3-944442-25-9

Gewidmet den Rag Dolls
Hilla, Rita, Marianne und Dixie
sowie unserem Manager Wilfried.

erinnerung

verblasste figuren

wandeln auf

gedankenspuren

Ein Denkmal setzen – das möchte ich mit diesem Buch,
meinen Mitspielerinnen und damaligen Freundinnen
aus den 1960er Jahren, *The Rag Dolls*,
von denen ich ein Teil sein durfte.
The Rag Dolls als einmalige Erscheinung im Ruhrgebiet.
Sie haben verdient, dass ihre Geschichte recherchiert und
aufgeschrieben wurde.
Ihr damaliger Mut, als einzige Mädchen-Beatband
unter Hunderten von männlich besetzten Beatgruppen aufzutreten,
ist als öffentlich gemachter Schritt zur Emanzipation zu werten.
Meine Zeit mit ihnen war ein wichtiger Teil
meiner persönlichen Entwicklung und Lebensgeschichte.

Ilse Jung, August 2016

Beatmusik

Substantiv [die] biːt.../

… war der im deutschen Sprachraum von 1960 bis Anfang der 1970er Jahre gebräuchliche Begriff für frühen, auf Gitarrenspiel basierenden Pop-Rock. Zu den Bands gehörten meistens zwei bis drei E-Gitarren, ein E-Bass und ein Schlagzeug.

Vorwiegend in London und Liverpool fanden sich Schülerbands zusammen, die ihre ersten Auftritte in kleinen Clubs und Pubs hatten und in ihrer Straßen- oder Arbeitskleidung auftraten. Die Musik kam bei der Jugend an. Die Radiosender machten die Beatmusik weltweit bekannt. Die bekannteste Gruppe dieser Richtung wurden *The Beatles*.

In Westdeutschland lud der Fernsehsender *Radio Bremen* britische Musikgruppen ein. Die erste Folge vom *Beat-Club* vom 25. September 1965 stellte u. a. *The Liverbirds*, eine Girlgroup aus Liverpool, vor. *Radio Bremen*-Moderatorin *Uschi Nerke* gehörte von 1965 bis 1972 zu den bekanntesten ModeratorInnen jener Zeit. In den deutschen Großstädten gründeten sich erste Beatgruppen ... so auch *The Rag Dolls*.

The Rag Dolls

Substantiv,
dt.: [die] Flicken-/Lumpenpuppen

1. Urbesetzung 1965 - 1967:
- Renate Wassermeyer, "Dixie", * 1946 - † 1975, Schlagzeug
- Rita Fontein, * 1947, Bassgitarre
- Marianne Orlowski, * 1949 - † 2003, Sologitarre, Akkordeon,
  Gesang
- Hilla Pantenburg, * 1949, Rhythmusgitarre

2. Besetzung 1968 - Mitte 1969:
- Rita Fontein, Bassgitarre
- Marianne Orlowski, Sologitarre, Akkordeon, Gesang
- Hilla Pantenburg, Schlagzeug, Gesang
- Ilse Köppen (verh. Jung), * 1948, Rhythmusgitarre

3. Besetzung Mitte - Ende 1969:
- Rita Fontein, Bassgitarre
- Marianne Orlowski, Sologitarre, Akkordeon, Gesang
- Hilla Pantenburg, Schlagzeug, Gesang

Inhalt

Einleitung

1965!!! - Freiheit, Spaß und Rebellion gegen bürgerliche Normen, dafür stand die Beat- und Rock-Musik, als in Duisburg 1965 die erste Mädchenband des Ruhrgebiets gegründet wurde. Zu einer Zeit, als die Musikbranche fest in Männerhänden war, eroberten junge Frauen, *The Rag Dolls*, die Bühne.

Bis heute sind reine Frauenbands selten - vor rund 50 Jahren waren sie ein Skandal! Der gesellschaftliche Status und die soziale Rolle der Frau spiegelte sich - in den unterschiedlichen Epochen - auch in der Musikbranche wieder. Bis in die 1960er Jahre bestimmten Männer über Veröffentlichungen und damit den Erfolg von Bands. Männer texteten und komponierten und es gab nur wenige erfolgreiche Sängerinnen, von Gitarristinnen und Drummerinnen ganz zu schweigen.

Aber bereits einige Jahre später entwickelten - zeitgleich mit Beginn der neuen Frauenbewegung im Kontext der 1968er-Bewegung - viele Mädchen und Frauen ein neues, unabhängiges Selbstbewusstsein: Sie lösten sich von strengen Elternhäusern, trugen Miniröcke und etablierten sich auch als Musikerinnen. Auf Konzerten wurde die neu gewonnene Freiheit zelebriert und viele Songs beinhalteten politische Botschaften. Frauen in der Rockmusik gewannen zunehmend an Bedeutung, wie die Protestsängerin, Texterin und Bürgerrechtlerin Joan Baez oder Janis Joplin, die ungehemmt Konventionen sprengten und den bis dahin geltenden Kriterien für weibliche Stars wie auch den bürgerlichen Normen komplett widersprachen.

In den vergangenen 50 Jahren hat sich die Situation für Frauen und Mädchen in allen gesellschaftlichen Bereichen in Richtung Gleichberechtigung wesentlich verbessert. In der Rockmusik sind Frauen inzwischen nicht nur als Sängerinnen anerkannt. Sie spielen Gitarre, Schlagzeug, Bass und schreiben Songs für bekannte KünstlerInnen. Diesen Weg haben Mädchenbands wie die *Rag Dolls* mitbereitet.

Vier junge Frauen aus Duisburg starteten mit der Mädchenband *The Rag Dolls* durch und schrieben mit an einem neuen Teil Musikgeschichte und auch an der Geschichte der Frauenemanzipation. Daher war ich begeistert, dass wir uns nach einem Auftritt von Ilse Jung kennengelernt und im Rahmen des Empfangs der Stadt Duisburg zum Internationalen Frauentag 2015 einen jeweils runden Geburtstag gemeinsam im Rathaus gefeiert haben: "30 Jahre Frauenbüro" der Stadt Duisburg mit einem Beitrag "50 Jahre *Rag Dolls*" im Rahmenprogramm!

Als Historikerin bin ich der Überzeugung, dass Frauenbands wie die *Rag Dolls* als ein wichtiger Bestandteil der Frauenbewegung zu betrachten sind und dass sie wesentlich dazu beigetragen haben, die Emanzipation der Frauen voran zu treiben. Und als Frauenbeauftragte der Stadt Duisburg bin ich stolz, dass ausgerechnet eine *Duisburger* Mädchenband die erste im Ruhrgebiet war.

Doris Freer

Leiterin des Referats
für Gleichberechtigung und Chancengleichheit/
Frauenbeauftragte der Stadt Duisburg 2015

Filmaufnahmen

Der Anruf

Montag, 6. März 2006, das Telefon klingelt laut und eindringlich und ich gehe ran:

„Haben Sie bei den *Rag Dolls* Musik gemacht? Wir drehen im Auftrag des WDR eine Dokumentation über die Beatmusik der 60er Jahre."

„Ja, ja, hab' ich."

„Können wir Sie mal besuchen? Mal 'ne Stunde über diese Zeit reden? Ihre Erlebnisse? Ich rufe Sie nachher noch mal an. Wir vereinbaren dann einen Termin. Keine Angst, wir kommen erst mal ohne Kamera."

Zwei Leute aus Köln wollen gleich am nächsten Tag kommen. Mir bleibt also nicht viel Zeit, die Gehirnzellen in Schwung zu bringen.

Okay! Tief durchatmen! Wozu mache ich denn Yoga?

Wie haben die Leute mich gefunden? Ach ja, *Google*!

Seit über 20 Jahren spiele ich Bass in der Duisburger Rockband *Still Alive*. Das hat wohl die Filmemacher auf meine Spur geführt. Auf der Homepage der Band steht, zusammen mit einem Foto aus dem Jahr 1968, dass ich Gitarre bei *The Rag Dolls*, der ersten Mädchen-Beat-Band Deutschlands, gespielt habe.

Außerdem sind *The Rag Dolls* in den beiden Dokumentations-filmen "Frauen an der Ruhr"[1] (1967) und "Als der Kohlenpott noch schwarz-weiß war"[2] (2001) bei einem Live-Auftritt zu sehen.

Erinnere dich

Was kann ich den Filmleuten zeigen und erzählen?

Bruchstückhaft fällt mir ein – da war doch ein dickes, grünes Fotoalbum, in dem ruhten seit 37 Jahren die *Rag Dolls*. Zwischendurch hatte ich das Album mal in der Hand, weil das Ruhrlandmuseum Bilder aus den 1960ern für eine Ausstellung suchte. So landeten "wir" für einige Monate in einer Museumsvitrine und in einem dicken Katalog zur Ausstellung.[3]

Die Bilder im Album sind nicht alle schlecht, wie ich feststelle. Es sind auch ein paar tolle Starfotos darunter. Ich lese die alten, vergilbten Zeitungsartikel, finde einen Kneipenblockzettel, auf dem ich die Auftrittstermine von 1968 notiert hatte.

Manfred, mein Mann, sucht inzwischen nach alten Tonbandaufnahmen und ich rufe meine Tochter an, ob sie noch die Schallplatte der *Rag Dolls* hat. Auf unserem Dachboden finden wir noch Originalplakate und meinen alten Philips-Plattenspieler, der zehn Platten hintereinander wegspielen konnte. Hoffentlich funktioniert er noch!

Ich bekomme Lust, mich zu erinnern und den früheren Empfindungen nachzuspüren. Die ganze Nacht grüble ich, forsche ich nach besonderen Ereignissen während der gemeinsamen Beatmusik-Zeit. An Schlaf ist nicht zu denken!

---

[1] "Frauen an der Ruhr", Dokumentation von Ernst Ludwig Freisewinkel, WDR 1967.
[2] "Als der Kohlenpott noch schwarz-weiß war", Dokumentation von Paul Hofmann, WDR 2001.
[3] Sigrid Schneider (Hg.): "Als der Himmel blau wurde. Bilder aus den 60er Jahren", Ausstellungskatalog, Pomp Verlag, Bottrop/ Essen 1998. Im Anhang mit privaten Fotos.

Abb. 1: Erinnerungsstücke

© Privatsammlung Ilse Jung, mit Erlaubnis der Philips GmbH

Zwei Monate später …

5. Mai 2006, 14 Uhr: Wir warten – mit Rouladen, Spätzle und
Salat – auf das Filmteam aus Köln. Als es endlich, nach einem Stau
auf der Autobahn, um 15 Uhr eintrifft, sind die Spätzle klebrig. An-
sonsten schmeckt es allen. Diesmal sind sie zu dritt und packen sofort nach dem Essen das Auto aus. Mikrofone, Beleuchtung, Kamera, viele Kabel und Gerätschaften schleppen sie in die erste Etage.
Dort ist schon mein Plattenspieler aufgebaut. Die *The Rag Dolls*-
Single und meine *Lords*-Single liegen bereit und die Plakate, inzwischen schön gerahmt, lehnen an den Wänden.

Abb. 2: Alte Plakate, © Manfred Jung

Es geht los! Ich sitze auf dem Boden vor dem Plattenspieler, lege die Platte auf und während die *Lords* sich mit dem Englischen plagen, schiebt sich ein überdimensionales, mit einem Staubfängerfell bezogenes Profi-Mikrofon direkt vor mein Gesicht. Ein Scheinwerfer setzt mich ins rechte Licht und Per, der die Riesenkamera zwei Meter vor mir in den Händen hält, bittet mich, jetzt etwas zu dieser Musikscheibe zu sagen. Dann stellt er eine Frage und ich merke schon bei den ersten stockenden Antworten, dass ich überhaupt keine Schauspielerin bin. "Locker, ganz locker", höre ich ihn sagen und darf noch mal von vorne anfangen. Erzählen ohne Kamera wäre einfacher. Erst beim dritten Mal ist er zufrieden, doch ich fand es furchtbar, weil ich mir recht unbeholfen vorkam. Manfred macht das viel souveräner und muss nichts wiederholen.

Nachdem die Interviews im Kasten sind, geht es nach einer Verschnauf- und Kaffeepause mit allem Sack und Pack in den Keller. Im Garten sind schon die anderen Bandmitglieder von *Still Alive* versammelt. Eine zweistündige Probe mit Filmaufnahmen steht als nächstes an. Immer wieder "Poor Boy" und "It's All Over Now", zur Entspannung mal das eine oder andere Stück aus unserem großen Repertoire. Leider sollten es nur alte Schätzchen sein; ein eigenes Stück der Band im Film hätte uns besser gefallen.

Puh! Das war fast ein Acht-Stunden-Tag, eine ganz neue Erfahrung und Zusammenarbeit mit total netten Leuten!

Vor der Verabschiedung verabreden wir, dass sie noch mal bei einem *Still Alive* Konzert filmen. Am 12. Mai 2006 ist es soweit. Wir spielen im "Red Rooster-Club" in Duisburg-Marxloh, einem Blues-Lokal, das es leider heute nicht mehr gibt. Es wird mein *Rag Dolls*-Gedenkkonzert. Zwei volle Stunden Film werden gedreht. Vor lauter Lampenfieber muss ich mich besonders stark konzentrieren. Nicht alle Tage schaut mir ein Kameraobjektiv sooo tief in die Augen...

Abb. 3 und 4: 12. Mai 2006, Gedenkkonzert
© Thorsten Vallender

auftritt

über dir
flutende lichtreklamen
die – bels und co – la – la – la
buntbeleuchtete rauchschwaden
blenden
dich mittendrin
im decibel – rausch
bei glück
nachher
applaus zum baden

© ilse jung

Nachhall

Als die Dokumentation "Halbstark an Rhein und Ruhr"[4] am 26. Mai 2006 im Fernsehen gesendet wird, wird in den letzten zehn Minuten über *The Rag Dolls* berichtet. Wir freuen uns.

Das Wilfried Kaute, der damalige Manager von *The Rag Dolls*, auch ein Interview gegeben hat, ist eine schöne Überraschung für mich.

Noch am selben Abend schwappt mein Anrufbeantworter fast über. Ich rufe zurück und rede mit Christiane, die mir erzählt, dass sie die erste Schlagzeugerin von *The Rag Dolls* kannte und mit ihr zusammen sogar bei den *Liverbirds* Musik gemacht hat.

Aus Coburg meldet sich Wolfgang Kühnel, der über die Coburger Musikszene der 1960er ein Buch schreibt und ein Autogrammfoto von unserem Auftritt am 19.10.1968 besitzt. Er möchte detaillierte Angaben über die Band. Er bringt mich dazu, eine erste, noch sehr unvollständige Biografie zu verfassen. Ungenaue Angaben aus dem Buch "Shakin' All Over"[5], das ich bis dato nicht kannte, konnte ich so korrigieren.

Aus Landshut kommt ein Brief, den wohl ein damaliger Fan geschrieben hat. Er enthält Fotos aus der Dokumentation und Fotos von seinem Hausflur, in dem eingerahmte *Rag Dolls*-Bilder hängen.

Die Mutter der ersten Schlagzeugerin ruft an, nachdem der erste Zeitungsartikel zum Film erschienen ist, und fragt, ob das Mädchen auf dem Bild tatsächlich ich sei oder ihre Tochter. Da das Bild von 1968 stammt und ihre Tochter zu diesem Zeitpunkt schon bei den *Liverbirds* gespielt hat, glaubt sie mir. Sie lädt mich zu sich ein, um alte Fotos und Presseberichte zu sehen. Sie nimmt sich viel Zeit für mich und ich erfahre ein bisschen über die Anfänge der *Rag Dolls*.

---

[4] Werner Kubny, Per Schnell: "Halbstark an Rhein und Ruhr", Dokumentation, WDR 2006.
[5] Hans-Jürgen Klitsch: "Shakin' All Over. Die Beatmusik der Bundesrepublik Deutschland 1963–1967", Fantasy Productions 2000.

Auch die Mutter der Sologitarristin lädt mich ein. Ich bekomme viele schöne Fotos geschenkt. Sie erzählt mir, dass Marianne schon immer eine Gitarre haben wollte, ihr Vater aber dagegen war und so lernte Marianne zuerst Akkordeon. Sie ließ jedoch nicht locker, bekam irgendwann eine Gitarre und übte damit Lieder von Catarina Valente.

Viele Journalisten und Pressefotografen melden sich und schreiben Artikel über den Film.

Eine Lektorin des Sandmann Verlags fragt, ob ich bereit wäre, einen kleinen Artikel mit Foto für das Buch "Kluge Mädchen"[6] beizusteuern. Aber gern!

Abb. 5: Ein Stück Frauengeschichte
© Elisabeth Sandmann Verlag

---

[6] Antonia Meiners: "Kluge Mädchen". Darin: Ilse Jung: "Tolle Sache - eine Mädchenband im Ruhrgebiet", Elisabeth Sandmann Verlag, München 2006.

Der Ton ist härter geworden

Ilse Jung war Gitarristin der ersten Frauenband des Ruhrgebiets. Familien- gegen Tourleben bei den „Rag Dolls" getauscht. In der Band „Still alive" spielt Ehemann Manfred tragende Rolle

Von Anne Wolf

Die Gitarristin Ilse Jung tourte drei Jahre lang mit den „Rag Dolls", der ersten Frauenband des Ruhrgebiets, jetzt spielt sie bei „Still alive".   Foto: Udo Milbret

Abb. 6: © Westdeutsche Allgemeine Zeitung

24

The Beat Goes On

Der Beginn

Es war 1965, als die beiden Duisburger Freundinnen Renate Wassermeyer (Jahrgang 1946, "Dixie" genannt) und Rita Fontein (Jahrgang 1947) beschlossen, eine Mädchenband zu gründen. Dixie lernte zu dieser Zeit Schlagzeug spielen, was für Mädchen äußerst ungewöhnlich war, und Rita hatte sich eine Bassgitarre besorgt. Sie begaben sich auf die Suche nach Mitspielerinnen und fanden Marianne Orlowski (Jahrgang 1949), die Sologitarre und Akkordeon spielen konnte und sehr gut sang. Als letzte kam Rhythmusgitarristin Hilla Pantenburg (Jahrgang 1949) dazu, die sich, wie damals üblich, das Gitarrenspiel selbst beigebracht hatte. Auch sie hatte eine gute Stimme.

Alle vier Mädchen befanden sich in einer Ausbildung und musizierten in ihrer Freizeit. Marianne lernte Drogistin, Rita Friseuse, Hilla kaufmännische Angestellte und Dixie Polizeibeamtin.

Zu dieser Zeit lief das populäre Lied "Rag Doll", das in der deutschen Hitparade in der Originalversion mit *The Four Seasons* bis Platz 8 kam und in der deutschen Coverversion mit *The Five Tops* sogar bis Platz 4 kletterte. Die Band der vier Mädchen sollte also *The Rag Dolls* heißen – die Lumpenpuppen.

Wolfgang Kühnel aus Coburg schreibt: "Wenn sich eine Mädchenband den alles andere als schmeichelhaften Namen *The Rag Dolls* verpasst, dann lässt das Schlimmes befürchten. Doch bei den vier Duisburger *Rag Dolls* standen der Name und das adrette äußere Erscheinungsbild im krassen Gegensatz zueinander."[7]

---

[7] Manuskript von Wolfgang Kühnel über die Musikszene der 1960er Jahre in Coburg.

Dixies Mutter war zu dieser Zeit die Managerin der Band. Sie machte die Werbung, sorgte für Auftritte und pflegte Kontakte zum Rundfunk, zum Fernsehen und zur Presse.

Einen Proberaum für diese laute Musik zu finden, war damals sehr schwer. So probten die Mädchen zuerst in einem Raum des Pestalozzi-Kinderdorfes in Duisburg-Beeckerwerth.

Die Mütter fuhren die Mädchen, die 16 bis 18 Jahre alt waren, abwechselnd zu den Proben. Hillas Eltern fuhren damals mit ihrem Ford Taunus, den alle "die Badewanne" nannten.

Später wurden die Proben in den Keller von Mariannes Eltern verlegt. Um den Raum in einen gemütlichen Probenraum zu verwandeln, wurden die Wände gestrichen und mit vielen Starfotos und Bildern der *Rag Dolls* ausgestaltet. Endlich konnten die Mädels auch den *Bravo*-Starschnitt der *Beatles* an die Wand hängen.

Abb. 7: Von links: Hilla, Rita, Renate (Dixie), Marianne, 1966.
© Privatsammlung

26

HEISSE RHYTHMEN !leben die Rag Dolls (von links) Hilla, Marianne (die beiden Hombergerinnen), Rita und Dixie. Hinter der 19jährigen Schlagzeugerin Dixie lebensgroß die Erfin-
der des Beats, die Beatles.

Rag Dolls' Beat drang bis ins Funkhaus

Homberger Mädchen folgen den Spuren der Beatles — Erste Erfolge

Die „Rag Dolls" zu finden, fällt nicht schwer. Man kann die heiße Musik schon draußen hören. Nur haut da nicht ein stämmiger Knabe mit schulterlangem Haar auf die Pauke, sondern ein junges Mädchen namens Dixie, das mit besagtem Knaben nur die Haarlänge gemeinsam hat. Und die Liebe zur Beatmusik natürlich. Vier Mädchen sind's, die Rag Dolls, zwei aus Homberg, zwei aus Duisburg, die seit Januar zusammen spielen und bereits die Aufmerksamkeit des Rundfunks erregt haben.

Dixie Wassermeyer (Beamtin), Rita Vontheim (Friseuse) und die beiden Hombergerinnen Hilla Pantenburg (Angestellte) und Marianne Orlowski (Drogistenlehrling) reiten auf der Beatwelle, deren Urheber in Lebensgröße auf schwarz-weißem Riesenfoto im Übungsraum prangen.

SCHEIBEN KLIRREN

Den Raum stellte der EMC Duisburg, eine Vereinigung von Freunden der leichten Muse, im Beeckerwerther Pestalozzidorf zur Verfügung. Die Mädchen sind ungestört, denn das Haus ist zur Zeit unbewohnt. Bei aller Liebe zur Musik wird wohl kaum jemand neben dem Übungsraum einer Beatband wohnen wollen, wo die Fensterscheiben leise klirren, wenn die vier Dolls (Puppen) richtig reinhauen.

Seit Januar spielen die vier Mädchen zwischen 16 und 19 Jahren zusammen, doch sammelten sie schon vorher einzeln Erfahrung im Umgang mit Schlagzeug und Gitarre. Nur der Kampf mit der Technik, sprich Mikrophon und Verstärkeranlage, fällt ihnen, echt weiblich, noch etwas schwer.

MITTAGSMAGAZIN

Bei einem Auftritt in Velbert lösten die vier Mädchen in roten Pullovern und schwarzen Hosen Begeisterung bei den Beatfans aus. Der Beifall muß bis ins Kölner Funkhaus geklungen haben, denn auf dieses Konzert hin meldete sich das WDR-Mittagsmagazin bei den Rag Dolls und machte eine Voraufnahme.

In wenigen Wochen sollen die Mädchen nach Köln fahren, um „life" vor dem Studiomikrophon zu zeigen, was sie können. Ihr Repertoire erstreckt sich zumeist auf bekannte Schlager, die sie sich für den Eigengebrauch umarrangierten.

YEAH, DIE MUTTIS

Die vier könnten jedes Wochenende spielen, so viele Angebote haben sie immerhin schon erhalten. Doch das scheitert am Veto einer Mutti. „Yeah, yeah, die Muttis," seufzen da die Beattens. Immerhin ist die Fürsorge der Eltern zu verstehen, wenn Marianne, die Jüngste im Bunde, übrigens Solosängerin, erst 16 ist.

Abb. 8: © Westdeutsche Allgemeine Zeitung

Dass die Bemühungen von Dixies Mutter erfolgreich waren, zeigt der erste Artikel über die Rag Dolls in der *Westdeutschen Allgemeinen Zeitung* (*WAZ*) von 1966.

Nineteen Sixty Six

Bereits nach einem Jahr regelmäßiger Proben bekamen die *Rag Dolls* Anfang 1966 ihre ersten Auftritte. Der erste Auftritt der Gruppe war in der "Funkenhütte" in Duisburg-Laar. Es folgten Auftritte im Bürgerhaus Velbert, im Saalbau Essen, im "Chattanooga" und im "Haus Rösgen" in Duisburg. Die ersten Bewerbungsfotos für den Auftritt zur Einweihung eines kirchlichen Jugendheims in Dinslaken-Lohberg stammten aus einem privaten Album:

Links oben: Hilla
rechts Mitte: Rita
links unten: Marianne.

Abb. 9: © Privatsammlung

Abb. 10: © Niederbergische Heimat Velbert (ZRW)

Wenn in den Lokalen die damals üblichen Polizeikontrollen kamen, mussten die Mädchen sich schnell in irgendwelchen Nebenräumen verstecken, da alle noch minderjährig waren, denn volljährig war man damals erst mit 21 Jahren.

Vluyner Weindorf

Neukirchen-Vluyn
Hauptstraße 268-270, an der B 60
Telefon 0 28 41 / 24 06

Im Oktober: Mittwochs, freitags, samstags, sonntags

T A N Z Eintritt frei

Für Klang und Schwung sorgen:

The Vanguards aus Berlin

The Condors von Tournee zurück

Sonntag, 16. Oktober 1966, 17 Uhr, Sondergastspiel der
beliebten Damen - Beat - Band

The Rag-dolls

Freitags: „Jungen Talenten eine Cha

mit Werner Prüssmann

Geldpreise für Tagessieger!

Abb. 11: Die "Damen-Beat-Band", © Privatsammlung

Abb. 12: v.l.n.r.: Marianne, "Dixie", Hilla, Rita
© Privatsammlung

Eine besonders zu erwähnende Veranstaltung war das Konzert im Stadttheater Oberhausen am 23. Oktober 1966. Unter dem Titel "Beat im Theater" spielten mehrere Beatgruppen zum ersten Mal in einem Theater: *The Rag Dolls, Gisela and The Spirits, The Ricketts* und *The Newcomers*.

Der Fotograf Jens Hagen, der in den 1960er Jahren Musiker ablichtete, hat in seinem Buch[8] Fotos der *Rag Dolls* von dieser Veranstaltung veröffentlicht.

---

[8] Jens Hagen: "Mach mal bitte Platz, wir müssen hier stürmen – als der Beat nach Deutschland kam", M7 Verlag, Köln 2000, Seite 58.

In der Presse war zu lesen:

"Viele Freunde des Theaters sind empört und sprechen von einer Entweihung des Theaters und einem Skandal. Chefdramaturg Günther Büch ist da anderer Meinung: „Der Beat gehört in dieses Haus! Er ist künstlerisch so ausgereift, dass man ihn nur hier bringen kann. Opas Theater ist tot! Erst heute erlebt dieses Theater seine echte Weihe!"

Die Attraktion der "Big Show": *The Rag Dolls*, vier Mädchen aus Duisburg, die mit ihrem Beat keineswegs hinter ihren männlichen, langmähnigen und schlecht von ihnen zu unterscheidenden Konkurrenten zurückstanden. Oberhausens Jugend wusste aber, was sie ihrem "Beat im Theater" schuldig war. Der dunkle Anzug, die dezente Krawatte und sportliche Eleganz bei den Damen bestimmten das Bild."

Zur Veranstaltung "Beat im Theater" gab es ein handgemaltes, künstlerisches Plakat, das den Stil dieser Zeit sehr gut zum Ausdruck brachte.

Ein ausverkauftes Haus! Chefdramaturg Büch (Opas Theater ist tot!) und Rita von den Rag Dolls. Foto links: Autor Handke.

Opas Theater ist tot ...

Von HEINZ KLUGE-LÜBKE

Oberhausen, 24. Oktober

Ist nach dem Kino nun auch Opas Theater tot? Deutschlands erstes Theater-Beating im ausverkauften Stadttheater Oberhausen (Rheinland) rollte gestern nachmittag lautstark von der Drehbühne ab. Höhepunkt der von der Stadt durchgeführten Jugendveranstaltung: ein minutenlanger Sprechchor der etwa eintausend Besucher: „Opas Theater ist tot!" Der „Einpeitscher": der 32jährige Chefdramaturg Büch! Vier Amateur-Beatbands spielten auf der Drehbühne einen zweistündigen „Dauer-Beat". Prominentester Besucher: Beat-Autor Peter Handke (24).

Noch in diesem Jahr werden in der Beatstadt Oberhausen weitere Konzerte folgen. Büch: „Bestimmt wissen jetzt viele Jugendliche, wo in ihrer Heimatstadt das Theater steht!"

Bereits am Samstag hatte es eine Beat-Überraschung mit viel Beifall gegeben: die Uraufführung von zwei Beat-Sprechstücken. Autor: Peter Handke (24).

Abb. 13: © Westdeutsche Allgemeine Zeitung

...enland:	Norditalien:	Weitere Aussichten:
...nig-heiter, spä-	Überwiegend heiter, später	Fortdauer des unbeständi-
...liegen, 15—17 Gr.	Schauer, mittags 20 Grad	gen und kühleren Wetters

Erfolg im Rampenlicht und auf „Brettern, die die Welt bedeuten" hatte die Damen-Band „The Rag Dolls" beim Beat-Karussell im Stadttheater Oberhausen. (Siehe Bericht)
Foto: Thielbeer

Beat im Stadttheater
Dramaturg tanzte mit / Krawall blieb aus

Von WOLFRAM HILBRING

Oberhausen. Sie kamen, sahen und siegten: „The Newcomers", „The Ricketts", „Gisela and the Spirits" und die „Rag Dolls", einzige Mädchenkapelle der vier Amateur-Beat-Bands, die im Stadttheater Oberhausen „ihre Premiere" feierten.

Da zitterten sie im Rhythmus, die langmähnigen 220-Volt-Musiker mit geblümten Hosen und knallroten Hemden im Rampenlicht des „Musentempels". Das Haus an der Ebertstraße war ausverkauft. Zahlreiche Fans blieben ohne Karte.

Wenn das Oberhausener Theater oft Schauplatz eines der Stücke von der „Neuen Welle" war, jetzt erlebte es die härteste Welle! Freunde der Muse sind empört: „Unser Theater wird entweiht! Das ist ein Skandal, Beat gehört nicht ins Theater!"

Chefdramaturg des Bühnenhauses, Günther Büch, ist anderer Meinung: „Der Beat gehört in dieses Haus. Er ist künstlerisch so ausgereift, daß man ihn nur bringen kann. Erst heute erlebt dieses Theater seine echte Weihe!"

Günther Büch ist der ungekrönte König der Veranstaltung: Im Smoking, mit Rüschenhemd und schwarzer Fliege tritt der Initiator des „Beating Nummer eins" vor die be-

geisterte Menge und stimmt — dazu rhythmische Tanzschritte — den Sprechchor an: „Opas Theater ist tot!"

Oberhausens Jugend wußte, was sie ihrem „Beat im Theater" schuldig war. Der dunkle Anzug, die dezente Krawatte und sportliche Eleganz bei den Damen bestimmten das Bild.

Die Attraktion der „Big Show": „The Rag Dolls", vier Mädchen aus Duisburg, die mit ihrem Beat keineswegs hinter ihren männlichen, langmähnigen und schlecht von ihnen zu unterscheidenden Konkurrenten zurückstanden.

Die Anhänger der phonstarken Musik kamen voll auf ihre Kosten: Die Schallplattenerfolge der Beatles, angefangen von „Yellow Submarine" über „Now here man" bis „I feel fine", konnten sich auch vor den Amateuren hören lassen.

Und beim großen Finale drehte sich die Bühne mit den vier Bands. In ihrer Mitte: „Der Größte", Chefdramaturg Günther Büch. Hüpfend, daß selbst seine Beat-Frisur auf und nieder flog, tanzte er mit und ließ sich feiern. Allein dieses „Fest" wird ihn sicherlich ermutigen, so wie er es versprach, weitere Beat-Bands ins Theater zu holen. Er meint: „Die Schwarzwaldmädchen-Zeit ist endgültig vorbei!"

34

Abb. 15: Ankündigungsplakat mit Schreibfehler "The Reg Dolls"
© Walter Kurowski

HEISSE MUSIK macht die vierköpfige Mädchen-Beatgruppe.   NRZ-Fotos (4): Wieland

Viermal Beat und Sex

HINREISSEND

Die kecke Hilla stürmte los: „Ich hab' 'ne neue Bude. Liegt noch unter dem Keller. Da können wir ungestört proben." Tolle Sache für die vier Mädchen. Vielleicht können sie in diesem Ram für ihren ersten Fernsehauftritt proben. Es sieht alles danach aus.

haben kein festes Engagement. Am Wochenende zumeist in der Woche spielen sie auf Einladung in Gaststätten. „Das ist unser Prinzip", merkt die jüngste, Marianne, an. „Wir lassen die Leute zu uns kommen."

Rita zupft am Baß

Vier hübsche, junge Mädchen machen Musik. Marianne Orlowski, 17 Jahre jung, Drogistenlehrling von Beruf, macht die Sologitarre, Hilla Pantenburg, ein Jahr älter, kaufmännische Angestellte, spielt Rhythmusgitarre und singt die Solostimme, Dixie Wassermeyer, 20 Jahre alt, Beamtin tagsüber, bedient das Schlagzeug, Rita Vontain, ebenso alt, Friseuse, zupft am Baß.

Seit Januar spielen die vier zusammen. Mit Beat und Folklore machen sie zwei Stunden lang Musik. Ein ganz heisses Repertoire. Sie

Dabei treten sie fast nur in Großstädten auf, selten im Kreis Moers. Immerhin, ihre Popularität muß ansehnlich sein. Würden sich sonst Fernsehen und Schallplatte für sie interessieren? Der Fernsehauftritt ist noch nicht fest.

Bald eine Schallplatte

Die erste Schallplatte von dem Mädchen-Quartett erscheint in diesen Tagen. Titel: „He has gone" — auch noch selbst komponiert, und die Rückseite: „Yackat y yack." 300 Scheiben wurden gepreßt. Wer die vier mal hören und sehen will, mögen treten sie im Weindorf in Neukirchen-Vluyn auf.   M. L.

Ist sie nicht hübsch, die 18jährige Scarlett?

Die
hart
E
Mit der
über 200 00
gab geste
takt zur „J
lungen, h
erzielen z

Auf die
digung de
IG Chemi
senen Lo
gen von
und neun
ten die
weis au
Lage sc
einer Pr
vum vc
wiesen
zirkulei
rhein)
die Be
die For
sprengte
Rahmen
Die Cl
strie, lie
gen im
„vorne"
lage sei
in der
ihren 45
Tarifunt
In NRW
anderer
Lohngru
Prozent
Die B
die gew
von 8,5
über der
striezwe
berg v
westfäli
deutlich
gumentic
eine Zus

R

B
M
würde
Kirsche
Schul

B
da

80 Pferde fressen ... er Benzin

Abb. 16: Westdeutsche Allgemeine Zeitung (WAZ)

Schallplatte

Während der ersten beiden ereignisreichen Jahre fand die Band auch noch Zeit, 1966 eine eigene Single herauszubringen. Mit einer Coverversion von "Yakety Yak"[9] und einer Eigenkomposition "He Has Gone".

Abb. 17: Cover der Single, © Privatarchiv

---

[9] Laut coverinfo (www.coverinfo.de) wurde der Titel weltweit 30 Mal von verschiedenen Interpretinnen und Interpreten aufgenommen.

Wolfgang Kühnel: "In der Urbesetzung nahmen die *Rag Dolls* im September 1966 zwei Titel auf, die bei dem kleinen Label *Beat Records* erschienen; eine Single, die heute zu den gesuchtesten Raritäten auf dem Sammelgebiet deutscher Beat gehört. Auf der A-Seite gibt es eine Coverversion einer Jerry Leiber/ Mike Stoller–Komposition aus den Fünfzigern zu hören, "Yakety Yak", mit der die farbige Gruppe *The Coasters* 1958 in den USA einen Nummer 1 Hit landen konnte. Bei der B-Seite "He Has Gone" war die Band kompositorisch mitbeteiligt. Zu hören ist eine alles andere als eine ausgefeilte, ausgereifte Studioproduktion; das Ganze klingt eher nach einer amateurhaften und spontanen Live-Aufnahme, was andererseits ein hohes Maß an Authentizität und Wertigkeit als Dokument deutscher Beatband-Kultur mit sich bringt. ... Kein nachträgliches Gefummel, kein Pfusch, keine Verfälschungen, vielmehr pure Originalität."

Auftritte zur Schallplatten-Präsentation gab es unter anderem in Neukirchen-Vluyn und Oberhausen. Die Band wurde im WDR-Mittagsmagazin vorgestellt und es gelang der damaligen Managerin, dass die Zeitschrift *Musikparade* am 18. Juli 1966 ein Foto mit einem Artikel veröffentlichte.

Die Single der *Rag Dolls* "Yakety Yak" erschien 2004 auf einem Sampler.[10]

---

[10] Ruhrgebeat – Smash! Boom! Bang! Beat in Germany, The 60s Anthology. Bear Family Records 2004.

Abb. 18: Die Band als Aufmacher der "Musikparade" im Juli 1966
© Bauer Verlag, Hamburg

Nineteen Sixty Seven

Während ich noch bis April 1967 die Schulbank drückte, mischten die *Rag Dolls* bereits die Musikszene im Ruhrgebiet auf. Es gibt Werbezettel, Plakate und Autogrammkarten von heute noch bekannten Bands, mit denen sie zusammen auftraten. Am 4. März 1967 spielten sie als Headliner in Bochum-Laer und am 4. Mai in Soest im Hubertussaal zusammen mit *The Rattles*, *The Phantom Brothers* und *The Ihm*.

Abb. 19: Autogrammkarte von *The Rattles*
© Privatsammlung

Abb. 20: 4. Mai 1967, Deutschlands Mädchen-Beatgruppe Nr. 1.
© Privatsammlung

1967 gab es bei der Vorentscheidung eines "Beat-Battle" für Amateurbands den ersten Platz in den Kölner Blatzheim-Betrieben.

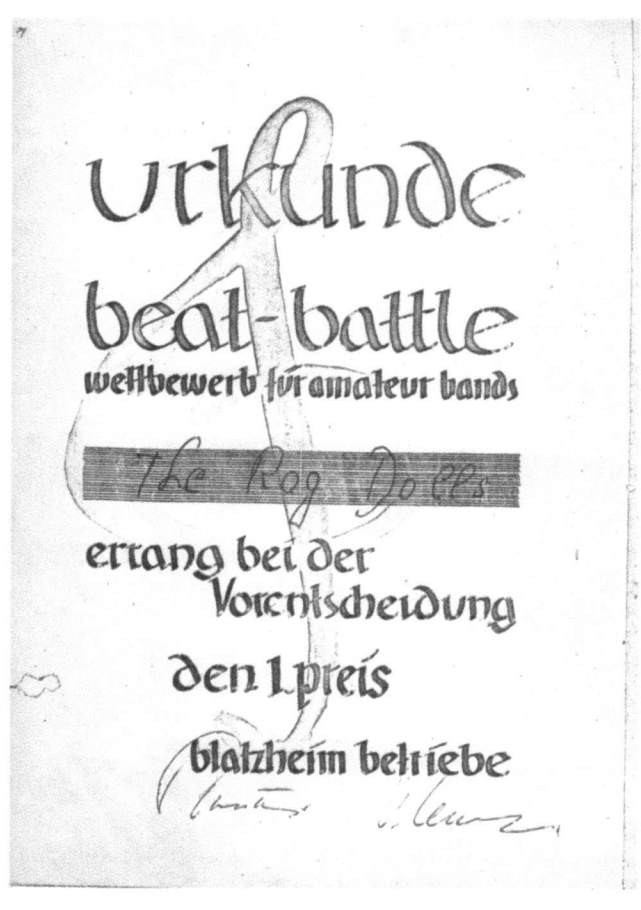

Abb. 21: © Privatsammlung

Am 10. April 1967 spielten sie in der Ruhrlandhalle Bochum zusammen mit *The German Blue Flames*, *Casey Jones And The Governeurs* und *The Lords*.

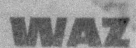

„Beatmäuse" essen gerne Currywurst

Gage für die Aussteuer – Rag Dolls in der Ruhrland-Halle

Es begann mit einer Panne. Das Gastspiel der Rag Dolls, der beatenden Mädchen vom Rhein, die Sonntag in die Ruhrland-Halle gekommen waren. Bevor sie sich nämlich ihren Verehrern auf der Bühne präsentieren konnten, mußten sie an ihrem Auto den Reifen wechseln.

*

76 Jahre sind die cleveren Mädchen zusammen alt. Der Beat ist ihr Hobby, mit dem sie gutes Geld verdienen: „Wir sparen fast alles, damit für jede etwas übrig bleibt, wenn wir mal aufhören." Marianne legt einen Teil der Gagen für ihre Aussteuer weg.

*

Vom Kochtopf sind die jungen Damen nicht sehr begeistert. Dennoch halten sie etwas vom guten Essen: „Am liebsten Curry-Wurst", meinen sie.

*

Drei der vier munteren Beatmäuschen sind „noch zu haben". Vielleicht ist diese Tatsache unter den Fans noch wenig bekannt. Liebesbriefe oder Heiratsangebote flatterten bisher noch nicht in ihre Garderoben. Sollte sich das ändern, sei den ernsthaften Bewerbern schon hier empfohlen, sich Beatmähnen stutzen zu lassen. „Wir sind nämlich ganz normale Mädchen", sagen Marianne, Rita, Hilla und Dixi, der Bandleader.

76 JAHRE ALT: Die Rag Dolls in der Ruhrland-Halle.
(WAZ-Bild: W. K. Müller)

Abb. 22: "Beatmäuse"
© Westdeutsche Allgemeine Zeitung

43

Es folgten ein Sondergastspiel im Krefelder "Romantica" am 17. Mai und ein Auftritt am 1. Juli 1967 beim Beat-Festival in der Duisburger Mercatorhalle mit den Duisburger Bands *The Misfits*, *The Black Boys*, *The Guards*, *The Shades* und *The Lords* als Stargäste.

Harter Beat im Boxring
Lord Ulli in der Jury

Sechs Duisburger Beatbands stellen sich vor

Harter Beat wird die harten Fäuste ersetzen, die üblicherweise im Boxring tonangebend sind. Beim Beatfestival in der Duisburger Woche am 1. Juli um 19 Uhr in der Mercatorhalle werden sich sechs Duisburger Bands einer Jury stellen. Als Bühne dient ein Boxring.

Zur Teilnahme an dem Beatfestival werden die „Misfits", die „Rag Dolls", die „Black boys", die „Guards", die „Shades" und noch eine zu nominierende Band eingeladen. Jede Band soll zwei Stükke vortragen, wobei einmal „hot" und einmal „sweat" verlangt wird. In der Jury sitzt auch der „Lord" Ulli. Zum Schluß der zweieinhalbstündigen Veranstaltung zeigen die „Lords" ihr Können.

Während die Jury die beste der sechs eingeladenen Duisburger Bands ermittelt, werden die Fans durch eine Modenschau unterhalten. Die beste Band nimmt an der Schlußveranstaltung der Duisburger Woche teil. Damit das Vergnügen für jedermann erschwinglich ist, wurden die Eintrittspreise auf 2, 3 und 4 DM festgelegt.

Abb. 23: © Privatsammlung

44

Film

Ernst-Ludwig Freisewinkel vom WDR drehte 1967 den Film "Frauen an der Ruhr". Er zeigt das einfache Leben der Hausfrauen und Arbeiterinnen, die sich mit Hausarbeiten, Handarbeiten, gelegentlichen Feiern und Vereinstreffen beschäftigten. Das sorgte für große Aufregung und es war von der Verunglimpfung der Frauen die Rede. Als Gegenpol zeigte er die *Rag Dolls*.

In dieser Dokumentation sind die *Rag Dolls* mit einem eigenen, deutschen Song zu sehen, den sie bei einer Jugendveranstaltung spielten:

Hey, siehst du den Wolle auf der Bühne stehn,
merkst du nicht, wie ihn die Mädchen ansehn?
Deine Augen verraten dein Gefühl,
denn auch dich lässt der Musikus dort oben nicht kühl.

Hat er Haare länger als du,
dir lässt der Boy dort oben keine Ruh,
blickt er herunter und lächelt dich an,
hat er dich gezogen in seinen Bann.

Kann er auch nicht spielen und springt nur herum,
ist er auch nicht schön und nebenbei noch dumm,
er ist der König, er steht am Bühnenrand
und hält die Gitarre wie ein Tiger in der Hand.

VIER BEAT-BANDS machten am Sonntagabend in der Schützenhalle in „heißer Musik". Sie fanden ein tanzlustiges Publikum vor. Es ist das erste Mal, daß eine Beat-Konzertdirektion in Kamen gleich vier bekannte Bands auftreten ließ. Die Jugend aus der Umgebung war recht zahlreich herbeigeeilt. Besonders umjubelt wurden die weiblichen Beat-Stars, die „Rag Dalls" aus Duisburg, die ihren männlichen Kollegen in nichts nachstanden. Mit von der Partie waren die „Fredrik and the Rangers", die „Scramers" (Essen) und die „Six de conduit" (Herten). Die Jugendlichen kamen voll auf ihre Kosten. Unser Bild zeigt die weiblichen Stars in Aktion.

Abb. 24: Die weiblichen Beat-Stars
© Westfälische Rundschau Kamen

Veränderungen

The Liverbirds

1962 titelten die Zeitungen über Mary McGlory und ihre Bandkolleginnen, die in Liverpool die Band *The Squaws* gegründet hatten: "Englands erste Frauenband gegründet."

Laut Mary Dostal (geb. McGlory) ging aus *The Squaws* (u. a. Mary McGlory und Sheila McGlory) die Band *The Liverbirds* hervor[11], zu der letztendlich Mary McGlory (Gesang/ Bassgitarre), Pamela ("Pam") Birch[12] (Gesang/ Gitarre), Valerie Gell (Gesang/ Gitarre) und Sylvia Saunders (Schlagzeug) gehörten. Die Mädchen waren zwischen 1944 und 1946 geboren. Ihre ersten Auftritte fanden im Liverpooler *Cavern Club* statt.

Da ihr erster Manager die Mädchen betrogen hatte, wollten die Mädchen Brian Epstein, Manager der *Beatles*, als Nachfolger. Um ihn zu überzeugen, fuhren sie nach London. Doch es ergab sich eine ganz andere Alternative: Zurück in Liverpool wurde Henry Henroid auf die Band aufmerksam, woraus sich Auftritte in London mit den *Rolling Stones* und den *Kinks* und Kontakte zu DJ Jimmy Savile[13] und Mickie Most (Produzent) ergaben. Dann das Engagement ab Mai 1964 für den legendären *Star-Club* Große Freiheit 39 in Ham-

---

[11] "Die Legende der Liverbirds. Mary Dostal erzählt", in: "Das Viertel", März 2008, S. 6.
Online unter: http://redaktion-bloemeke.com/wp-content/uploads/2009/10/4tel_03_08-www.pdf (16.09.2015)
[12] Eigentlich Pamela Anne Burch, geboren am 09. August 1944 in Kirkdale, Liverpool.
[13] * 1926 - † 2011. Das Popidol Savile geriet Jahre später in die Schlagzeilen wegen unzähligen Vorwürfen der sexuellen Gewalt an Kindern, jungen Menschen, Sterbenden und Toten.

burg St. Pauli, der sich selbst als "the most famous Beat-Club of the World" bezeichnete.

Weil das jüngste Bandmitglied Sylvia Saunders noch unter 18 Jahre alt war, brauchte die Band einen Gerichtsbeschluss, um das Land verlassen und nach Hamburg reisen zu können. Mary Dostal: "Als wir ankamen, schockierte mich das Prostituiertenmilieu."[14]

Manfred Weißleder wird neuer Band-Manager. Im März 1965 waren die *Liverbirds* auf dem Titel des Star-Club-Magazins.

Aus dem zuerst nur für sechs Wochen angedachten Engagement wurden vier Jahre im *Star-Club*. Dostal: "Es war schon toll, auf der Bühne zu stehen, und es war toll, mit den Freundinnen zusammen zu sein!"[15]

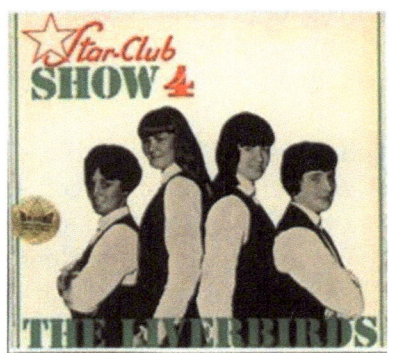 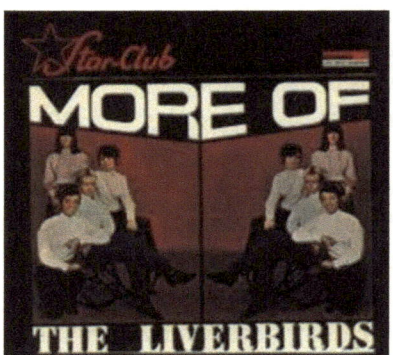

Abb. 25-29:The Liverbirds veröffentlichten 1965 und 1966 bei dem Label *Star-Club Records* die oben gezeigten zwei Alben und drei Singles.

---

[14] "Die Legende der Liverbirds. Mary Dostal erzählt", in: "Das Viertel", März 2008, S. 7. Online unter: http://redaktion-bloemeke.com/wp-content/uploads/2009/10/4tel_03_08-www.pdf (16.09.2015)
[15] Ebd.

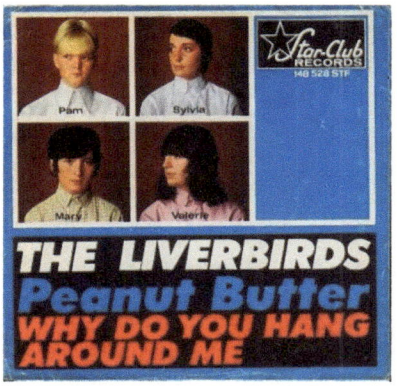
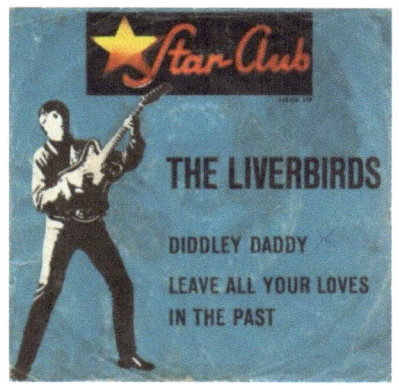

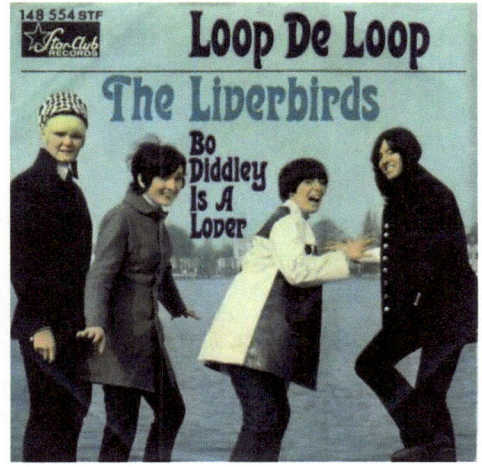

1966 waren *The Liverbirds* zusammen mit *The Lords*, *Casey Jones & the Governors* und anderen auf Tour in Westdeutschland.

Für eine 1968 anstehende mehrwöchige Japantournee, gesponsert von *Yamaha*, suchte die Band dringend Ersatz, weil die Gitarristin Valerie Gell und die Schlagzeugerin Sylvia Saunders ausfielen.[16]

Freunde der *Liverbirds*, eine Gruppe mit dem Namen *The Hifi's*, hatten in der Umgebung von Duisburg einen Auftritt und wussten von der Suche der *Liverbirds*. Sie trafen dort auf Renate (Dixie), die Schlagzeugerin der *Rag Dolls*, und gaben ihr Marys Telefonnummer. Schon bald probte Dixie mit *The Liverbirds* in Hamburg.

Wenig später brachte Dixie die Gitarristin Christiane (Chris) Schulz von der Kölner Mädchenband *The Lightnings* mit nach Hamburg. Sie kannten sich von verschiedenen Auftritten im Ruhrgebiet.

Abb. 30: Christiane "Chris" Schulz bei einem Auftritt mit *The Lightnings*; © Privatsammlung Christiane Schulz

---

[16] Saunders war verheiratet und schwanger und Gell`s Partner hatte einen schweren Unfall. Die Verlegerin Jana Reich dankt Mary Dostal für das bereichernde Gespräch am 01.10.2015 in Hamburg.

Abb. 31: © Yamaha Music Europe GmbH, Rellingen

Die Mädchen hatten sich viel von dieser sechswöchigen Tournee in Japan versprochen. Chris hatte sogar extra ihre Arbeit aufgegeben. Sie hoffte auf einen musikalischen Aufstieg. Doch Mary und Pam entschieden sich aus verschiedenen Gründen dazu, die Band *The Liverbirds* nach dieser Tournee 1968 aufzulösen. Sie vermissten ihre beiden bisherigen Bandkolleginnen.

Die Musikszene veränderte sich, auch der *Star-Club* in Hamburg existierte nur noch bis zum 31. Dezember 1969.

1997 spielten Pamela Birch (Gitarre/Gesang), Valerie Hausner (geb. Gell; Gitarre), Mary Dostal (geb. McGlory, Gitarre) und Sylvia Wiggins (geb. Saunders; Schlagzeug) noch einmal in Hamburg.

Im März 2008 waren *The Liverbirds* beim 2. Hamburg Sound-festival Interview-Gäste von Kuno Dreysse.

Am 27. Oktober 2009 starb Pamela Birch im Alter von 65 Jahren in Hamburg.

Neubesetzung

Bei *The Rag Dolls* fehlte nach Dixies Wechsel 1968 zu den *Liverbirds* nun die Schlagzeugerin. Hilla war sehr motiviert, statt Gitarre nun Schlagzeug zu spielen. Sie besorgte sich ein Ludwig-Schlagzeug und nahm sofort Unterricht. Da sie auch die Haupt-Sängerin der Band war, hieß das, Schlagzeugspielen und Gesang unter einen Hut zu bringen, was ihr dank großer Begabung und Fleiß auch hervorragend gelang.

So musste auch eine neue Rhythmusgitarristin her. Als Ritas Cousin, den ich in einer Disko kennengelernt hatte, mir erzählte, dass die Band eine Gitarristin suchte, dachte ich gleich daran, mich zu bewerben. Obwohl ich ja noch nicht lange Gitarre spielte, fuhr ich eines Abends in die Duisburger Innenstadt, wo *The Rag Dolls* in einem Raum der "Carl Duisberg Gesellschaft" probten. Mutig spielte ich auf meiner Wanderklampfe den Titel "House Of The Rising Sun" vor. Es hieß immer: Wer nix kann, spielt "House Of The Rising Sun". Und oh Wunder! Ich wurde engagiert – trotz Wander-gitarre!

Meine Gitarre bekam in einem Musikgeschäft auf der Claubergstraße einen Tonabnehmer, um verstärkt spielen zu können.

Abb. 32: Ilse Köppen, 1967.
© Privatsammlung Ilse Jung

Im Probenraum entstanden die ersten Starfotos in unserer Bühnenkleidung.

Ich hatte genau ein halbes Jahr Zeit, mit meinen neuen Freundinnen die Songs einzustudieren. Die Auftritte ab Januar 1968 waren schon geplant.

Mit der Neubesetzung Marianne, Rita, Hilla und Ilse wechselte auch das Management. Wilfried Kaute, Mariannes Freund, sorgte zukünftig für die Auftritte, handelte die Gagen aus (die eher ein kleines Taschengeld waren), machte viele Fotos und ließ Autogrammkarten drucken.

Proben

Wir probten einmal in der Woche, zunächst alles, was zum festen Repertoire gehörte – bis auf die deutsche Eigenkomposition, die lernte ich gar nicht kennen. Wenn ein neuer Song vorgeschlagen wurde, dann meist von Marianne oder Hilla. Die beiden hörten den Text heraus (Noten- und Textausgaben zu den Liedern gab es damals nicht), tüftelten solange herum, bis sie alle Gitarrengriffe herausbekommen hatten und Hilla hörte dann noch den Basslauf heraus, den Rita üben musste.

Abb. 33: Probe im Keller bei Ilses Eltern in Neukirchen-Vluyn 1968.
V.l.n.r.: Rita, Hilla, Ilse
© Privatsammlung

Nach den Proben in der Innenstadt brachte mich Hilla mit ihrem Auto nach Hause. Wir fuhren immer über Ruhrort, denn dort gab es einen kleinen Imbisswagen, bei dem wir Stammgäste wurden, denn wir hatten immer Appetit auf Currywurst mit Pommes rot-weiß, was ich erst durch Hilla kennenlernte.

Der Technikleidenschaft meines Freundes Manfred haben wir die noch heute erhaltenen, wenigen Tonbandaufzeichnungen von den Proben der *Rag Dolls* zu verdanken. Mit dem damals mit eingebautem Mikrofon ausgestatteten Philips-Cassetten-Recorder sind die Aufnahmen entstanden, die sich heute für unsere Ohren ganz schön schräg anhören.

Als Helfer zum Schleppen der schweren Teile unserer Musikanlage war Manfred sehr willkommen. Unsere Band hatte eine Gesangsanlage von Echolette, einen Vox-Verstärker und ein Ludwig-Schlagzeug. Marianne spielte eine hochwertige Hopf-E-Gitarre und Akkordeon. Ich hatte noch nicht einmal ein eigenes Mikrofon.

Unser Repertoire

Zum Repertoire von *The Rag Dolls* gehörten folgende Cover-songs:

Yakety Yak
(Leiber/ Stoller)

He Has Gone
(Rag Doll's/ Patrick/ Schloss); beide auf der Single von **Beat Records**

Chain, Chain, Chain
(**Aretha Franklin** 1968 in den USA Platz 2 in den POP-Charts, 1967 Platz 1 in den R&B-Charts und in England Platz 43)

Respect
(in den USA 1965 mit Otis Redding Platz 35 in den POP-Charts und Platz 4 in den R&B-Charts, 1967 mit **Aretha Franklin** Platz 1 in beiden Charts, in England Platz 10 und in Deutschland Platz 34)

Think
(1968 in den USA mit **Aretha Franklin** Platz 7 in den POP-Charts und Platz 1 in den R&B-Charts, in England Platz 26 und in der Version mit Chris Farlowe auf Platz 49)

Baby I Love You
(1967 mit **Aretha Franklin** in den USA-Charts auf Platz 4)

When I'm 64
(aus der LP "St.Peppers Lonely Heart's Club Band" von den **The Beatles**)

Warm And Tender Love
(1966 mit **Percy Sledge** in den USA Platz 17 in den POP-Charts und Platz 5 in den R&B-Charts, in England Platz 34)

Bye, Bye Love
(**The Everly Brothers**, 1957 in den USA Platz 2 in den POP-Charts und in England Platz 6)

Then He Kissed Me
(1963 mit **The Crystals** In den USA Platz 6 in den POP-Charts, Platz 8 in den R&B-Charts und in England Platz 2)

Morning Of My Life
(1967 mit **Esther & Abi Ofarim** in Deutschland Platz 2 und 1968 Platz 10 bei den Hits des Jahres)

Sunshine Of Your Love
(mit **Cream** 1968 in den USA Platz 5 in den POP-Charts und in England Platz 25)

Tous Les Garcons Et Les Filles
(1962 mit **Francoise Hardy**)

Siehst du den ... dort auf der Bühne stehn
(eine deutsche Eigenkomposition; Ausschnitt zu hören in den Dokumentationsfilmen 1966/1967)

(Recherche in den Charts: Wolfgang Kühnel, Coburg)

Nineteen Sixty Eight

Eine lange Auftrittsserie stand bevor. Gleich im Januar 1968 ging es los. Meine ersten Auftritte mit den *Rag Dolls* hatte ich am 20. und 21. Januar 1968 im Weindorf in Neukirchen-Vluyn, direkt an der Bundesstraße 60. Rundum war noch unbebautes Feld, das kannten nur ein paar Niederrheiner und unsere holländischen Nachbarn, denn dort spielten wir zusammen mit den holländischen Bands *The Why* und *The Hush*.

Abb. 34: "Damen-Beat-Band"
© Privatsammlung

Bei diesem Konzert im Weindorf schlug der Musiker einer holländischen Band Hilla vor, sich mit ihrer tollen Stimme doch einmal an die Songs von Aretha Franklin zu wagen. Sie probierte es mit "Baby, I Love You" und das gab den Ausschlag, mehrere Stücke von Aretha Franklin in unser Repertoire aufzunehmen.

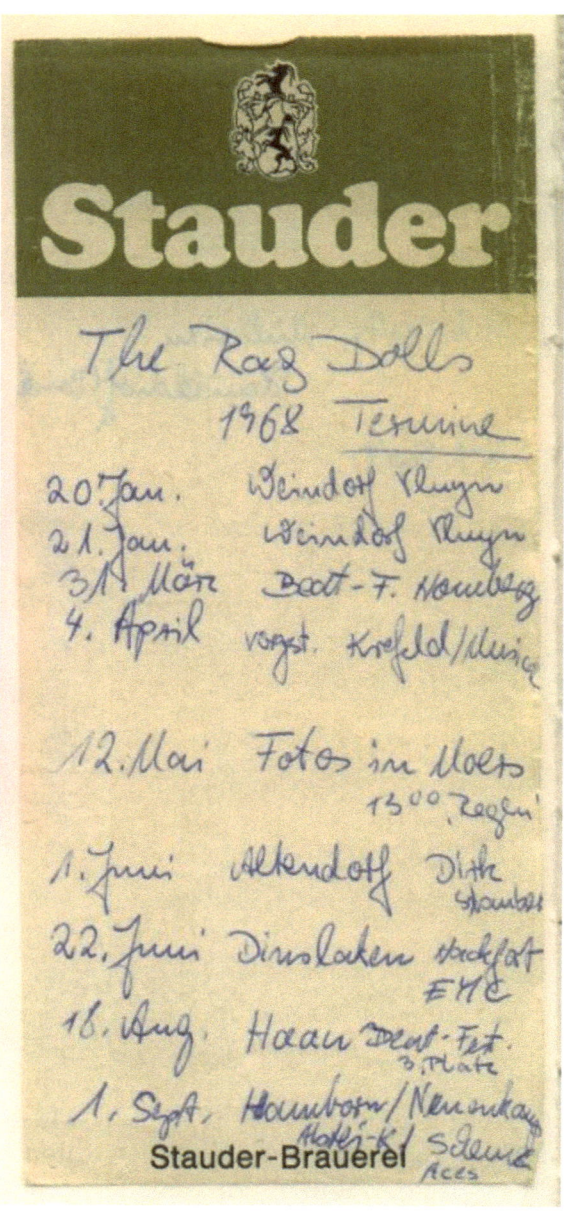

Abb.: 35: Terminzettel; © Privatsammlung

Das unbeschreibliche Körpergefühl, genannt Lampenfieber, war überwältigend groß. Ich habe es noch heute vor jedem Auftritt, aber es verschwindet sofort nach dem ersten Ton.

Da es etwas komisch aussah, wenn ich mit der Wandergitarre auf der Bühne stand, beschlossen die Mädels, mir eine E-Gitarre zu besorgen. Ich bekam leihweise eine wunderschöne weiße Gitarre, auf der ich zwei Jahre lang gespielt habe, ohne auf die Idee zu kommen, mir selbst eine zu kaufen. Das Geld, das ich sparen konnte, war für meinen VW-Käfer vorgesehen.

Abb. 36: The Rag Dolls 1968.
Von links: Ilse, Hilla, Marianne, Rita
© Bangert, Rheinische Post

Einige Auftritte führten uns sogar bis in den Frankfurter Raum. Eine tollkühne Fahrt ging zu unserem entferntesten Auftrittsort. In meinem neuen, weißen VW-Käfer, vom ersten selbstverdienten, monatelang gesparten Geld gekauft, fuhr uns mein Freund und Roadie Manfred nach Coburg. Er und ich saßen vorn und hinten hatten wir ein komplettes Ludwig-Schlagzeug und die dazugehörende Schlagzeugerin Hilla reingestopft. Abends hatten wir zusammen mit der Band *Lemon Lowery and the Quiet Men* einen Auftritt im "Coburger Hofbräu". Das war ein großer, ungeschmückter und dunkler Saal mit einer großen Holzbühne. Die Bilder zeigen ein wenig die ungemütliche Atmosphäre.

Abb. 37: Manfred Jung bewacht Ilses Handtasche
während des Auftritts in Coburg
© Privatsammlung

62

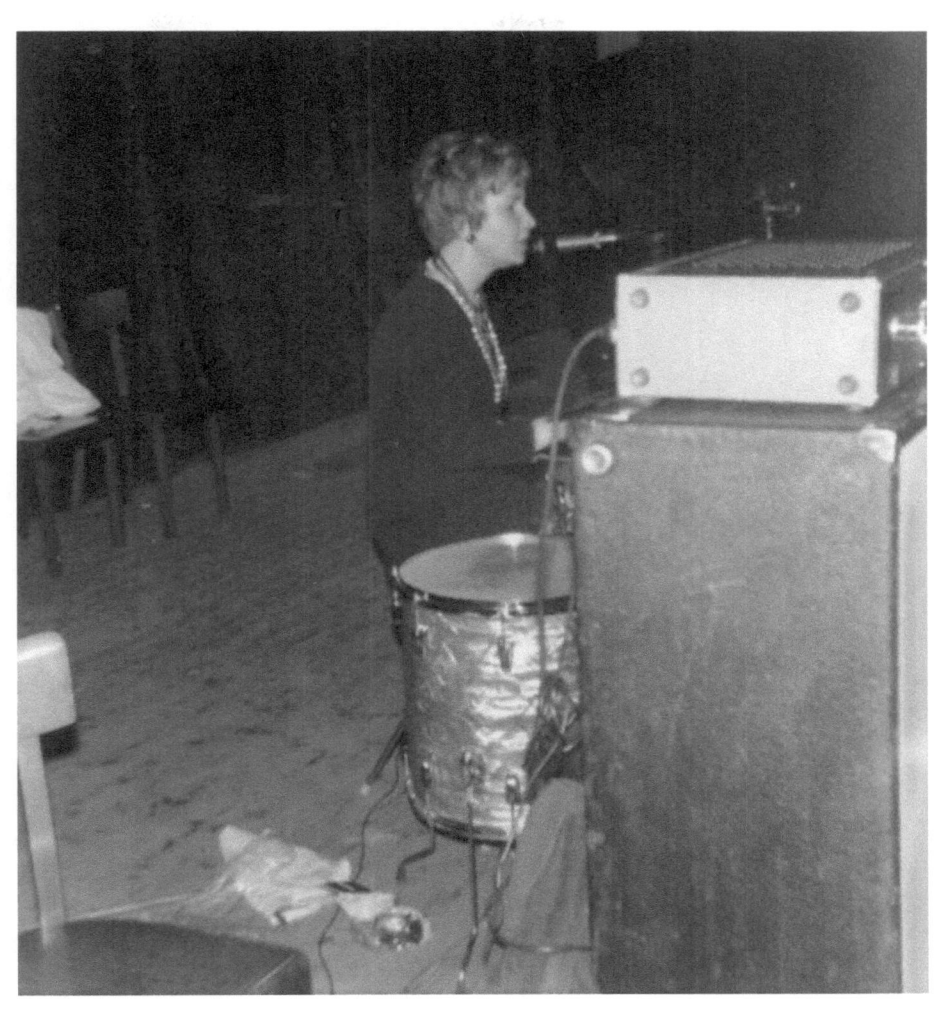

Abb. 38: Hilla
© Privatsammlung

Abb. 39: V.l.n.r.: Rita, Ilse, Marianne
© Privatsammlung

Abb. 40: links Ilse, rechts Marianne
© Privatsammlung

Noch mitten in der Nacht traten wir die Heimfahrt nach Duisburg an. In dichtem Nebel auf der Autobahn ging es nur schleppend voran. Irgendwann konnte Manfred nicht mehr. Wir machten Halt auf einem Rastplatz vor Düsseldorf und schliefen ein. Ich weiß nicht mehr, wann und wie wir nach Hause gekommen sind. Die Eltern waren jedoch heilfroh, wenn wir zurückfuhren, denn es war verboten, in einem Hotel in der Fremde zu übernachten und wir hatten es bei den geringen Gagen auch gar nicht vorgehabt.

In der Zeit von Anfang 1968 bis Sommer 1969 hatte ich mit den *Rag Dolls* fast 30 Auftritte. Unter anderem in einer Gaststätte in Oberhausen-Holten, in der wir an vier Wochenenden hintereinander spielten. Das Lokal war sehr verwinkelt und hatte keine Bühne. So bauten wir unser Equipment in einer Ecke vor der Theke auf und spielten dort mit dem Publikum auf Augenhöhe, während die mehr oder weniger interessierten männlichen Stammgäste sich ihr Bier an der Theke hinunterschütteten und uns beobachteten.

Flower Power

Unruhige Zeiten

1967 war stark geprägt durch politische Unruhen. Vor allem weiteten sich in Europa die Proteste der Studentinnen und Studenten gegen den Vietnamkrieg aus. In diesen hatten die US-Streitkräfte 1964 aktiv eingegriffen. Ein Ende war noch nicht abzusehen und es schien, als sei die Welt um uns in Aufruhr.

Viele Musikerinnen und Musiker spielten auf Konzerten, bei denen Protest zum Ausdruck kam. An der US-Westküste fand das *Monterey Pop Festival* statt, bei dem Jimi Hendrix und Janis Joplin auftraten. Auch beim *Newport Folk Festival* traten vielen Protestsänger auf.

In Deutschland fand das vierte *Folkfestival* auf der Burg Waldeck im Hunsrück statt. Es stand unter dem Thema "Das engagierte Lied" und Dichter und Musiker widmeten sich politischen Themen.

Neben den vielen Festivals für Amateurbands, wie wir es waren, wurden in Deutschland einige große Beat-Pop- und Folkfestivals veranstaltet. Die *Essener Songtage 1968*[17] waren so ein außergewöhnliches Ereignis. Das Festival in der Essener Grugahalle und anderen Örtlichkeiten der Stadt Essen erstreckte sich über fünf Tage, vom 25.-29. September 1968 mit mehreren Tausend Besucherinnen und Besuchern. Hier traten sehr bekannte Größen aus aller Welt auf und Musiker, die noch am Anfang ihrer Karriere standen und ein buntes Programm aus unterschiedlichster Musik darboten. Ein Auszug:

> Julie Driscoll and Brian Auger's Trinity (GB)
> Rick Abao (USA)
> Alexis Corner (GB)
> Frank Zappa and the Mothers of Invention (USA)
> Shirley Hart und Colin Wilkie (BG/D)
> Tim Buckley (USA)
> The Fugs (USA)
> Roger Chapman and Family (GB)
> City Preachers (D)
> Amon Düül (D)
> Bernhard Witthüser (D)
> Insterburg und Co. (D)
> Floh de Cologne (D)
> Franz-Joseph Degenhardt (D)
> Tangerine Dream (D)
> Schnuckenack Reinhardt (D)

---

[17] Siehe auch: Detlev Mahnert, Harry Stürmer: "Zappa, Zoff und Zwischentöne. Die Internationalen Essener Songtage 1968", Klartext Verlag, Essen 2008.

Da wir *Rag Dolls* am 29. September 1968 einen Auftritt in Rüsselsheim hatten und die Wochentage davor arbeiteten, bestand keine Möglichkeit, eine der Veranstaltungen zu besuchen.

Leider waren diese Festivals in der deutschen Medienlandschaft nicht präsent. Nur wenige spezielle Radiosender brachten spärliche Informationen.

In den USA war *Woodstock* das Festival der Superlative. "Make love – not war" war die Devise, und das zu Zeiten der Papst-Enzyklika von 1968 mit dem Verbot der Antibabypille für Katholiken.

Bei uns im Ruhrgebiet rauchten die Schlote, wir hatten Gastarbeiter und das Zechensterben begann. Es wurden die ersten U-Bahnen gebaut und viele neue Straßen. Der Duisburger Hafen war als größter Binnenhafen der Welt bekannt. Der Kabarettist Jürgen von Manger "ruhrpottelte" sich durch die Medien. In den USA wurde das Musical *Hair* uraufgeführt.

Man konnte einige wenige junge Leute in den Straßen sehen, die sich wie Hippies gekleidet hatten. Die Erwachsenen schüttelten missbilligend die Köpfe über lange Haare bei den Jungs und zu kurze Röcke bei den Mädchen.

Vieles von dem, was um uns herum geschah, bekamen wir nicht immer mit. Wir waren so sehr mit unserer Musik beschäftigt und mussten uns natürlich in unseren Berufen voll einbringen. Dazu kam der eine oder andere Freund und so war auch die restliche Freizeit ausgefüllt.

1969 nahm ich die Gelegenheit wahr, das erste *Internationale Essener Pop- und Blues-Festival* in der Grugahalle zu besuchen. Zum ersten Mal erlebte ich dort, dass um mich herum Joints geraucht wurden. Junge Leute saßen auf ihren graugrünen Parkas auf dem Boden und bunte, verschlungene Muster wurden an die Wände projiziert. Auf zwei gegenüberliegenden Bühnen spielten die abgefahrensten Bands, die von großen Nebelmaschinen und Blitzgewittern verschluckt wurden. Besonders beeindruckt war ich von *Fleetwood Mac, Free, Deep Purple* und *Pink Floyd*.

Im Foyer der Halle gab es Verkaufsstände für Poster, Schallplatten und jede Art von Hippiezubehör. Kunstvolle Plakate wurden sogar vor der Halle angeboten.

Abb. 41: Pop- und Bluesfestival in der Grugahalle Essen
© Privatsammlung Ilse Jung

the first song

nerven zum zerreißen gespannt
herzschlag bis zum anschlag
schweißperlen überpudern
maske auf – nicht mehr ich

sticks hämmern mich in das stück
bass-drum treibt mir
den groove in die adern
verzerrte gitarrenriffs
rütteln mich aus der lethargie

auf dem teppich der keyboardsounds
nicht stehen bleiben
die becken ignorieren
fern irgendwo dröhnt ein bass

© ilse jung

Festivalfieber

In der weiten Welt fanden große Musik-Festivals statt. Auch im Ruhrgebiet gab es immer mehr Bands, die ihren großen Vorbildern aus England und den USA nacheiferten. 1968 fand ein Beat-Festival nach dem anderen statt. Für uns war klar, als einzige Mädchenband weit und breit auf möglichst vielen Festivals mitzuspielen.

Abb. 42: © Privatsammlung

Im gesamten Ruhrgebiet, im Rheinland und bis hin ins Sauerland veranstaltete Jonny Bernstein, der selbsternannte "Talentsucher", große Beat-Meisterschaften, bei denen insgesamt Hunderte von Bands um Siegerplätze und Urkunden rangen.

Auf Platz 1 zu kommen, war nicht einfach, aber am 18. August 1968 gelang es uns, in Haan bei Düsseldorf den 3. Platz zu ergattern und am 8. September 1968 in den Kölner Sartory-Sälen den 5. Platz.

Bei diesen Festivals waren *The Rag Dolls* stets die einzige Mädchenband. In den großen Hallen gab es manchmal eine Garderobe für uns, in der wir uns umziehen und schminken konnten. An den meisten Auftrittsorten wie Schützenhallen und Kneipen blieb uns nur die Toilette, was sich bis heute nicht geändert hat. Um uns nicht in diesen kalten, engen und äußerst ungemütlichen Gefilden aufhalten zu müssen, fuhren wir meist fertig gestylt zu den Gigs, wie man die Auftritte heute nennt.

Bevor die schöne, neue Mercatorhalle in Duisburg mit ihrer tollen Akustik nur noch für klassische Konzerte zur Verfügung stand, gab es hier in den 1960ern supertolle Karnevalsbälle für die Duisburger Jugend, Abschlussbälle der Tanzschulen, aber auch Beat-Veranstaltungen, da die Stadt eine ganze Reihe junger Bands zu bieten hatte. Wir *Rag Dolls* spielten dort bei der Bundesausscheidung zu den "Deutschen Beatmeisterschaften" im März 1969. Wir kamen jedoch nicht in das Finale und verfolgten die Veranstaltung bis zum Ende von den oberen Rängen aus.

Jugend und Jugendlichkeit demonstrierte sich bei den Deutschen durchwegs charmanter Weise. Sachkundig und gelassen verfolg
...eismeisterschaften in der Mercatorhalle in farbenprächtiger und die jungen Damen (links), was sich auf der Bühne tat.

Abb. 43: Privatsammlung Hilla Moll.
© Artikel aus WAZ oder NRZ.

Hochtouriges Festival mit viel Beat und Sound

In der Mercatorhalle ging es um die Bundesausscheidung

Zwischen lässig und lebhaft pendelte das Stimmungsbarometer am Sonntag in der Mercatorhalle. Zur Bundesausscheidung der „Deutschen Beatmeisterschaften" traf sich Jugend. Sie genoß ein fünfstündiges hochtouriges Festival — und sie genoß sich selbst. Im Foyer wurde lebhaft getanzt, auf der Bühne bemühten sich die Bands, die sich durch Vor-, Zwischen-, Gebiets- und Landesrunden bis nach Duisburg qualifiziert hatten: 24 waren geladen, 14 kamen und sie brachten reichliche Ausstattung mit, die von phosphoreszierenden Kostümen bis zum — selbstverständlichen — Verstärker reichte. Die Bühne war vollgebaut damit und alle langen Pausen dieses Nachmittags gingen zu Lasten der technischen Gerätschaften, die lange brauchten, bis sie präzise eingestellt sind.

Der Sound, der den höchsten Ansprüchen genügte, wurde von der Bremer „Group of Soul Spiration" produziert, die als Landessieger glücklich abreiste. Zweite wurden aus Neukirchen, Saar „Gunny Speachh an the Sky". Die ersten Nordrhein-Westfalen sah man auf Platz vier, allerdings nur mit einem Punkterückstand von fünf: „The Shatters" aus Düsseldorf.

Die Deutschen Beatmeisterschaften werden organisiert von der Förderungsgemeinschaft für künstlerischen Nachwuchs, Köln. Sie standen diesmal im Zeichen der „Internationalen Jugendwoche", einer Veranstaltung des Stadtjugendrings, die damit schloß. Zwar war der Beat auf der Bühne wichtig — am wichtig-sten war er nicht: in erster Linie ging es um eine Demonstration von Jugend und Jugendlichkeit, die sich in Ringelpulli, in farbenfrohen Samtjacketts, in weißen taillierten Spitzenhemden manifestierte. Mädchen trugen Schlapphüte, von denen sie sich niemals trennten, Mini-Kleidchen mit naivem Smok, Sonnenbrillen stehen ganz hoch im Kurs, man teilte brüderlich den mitgebrachten ganzen Kuchen, nippte von Cola und Bier — obwohl auch scharfe Sachen auf der Karte standen. Man gab sich freundlich und aufgeräumt und dennoch atmete die Mercatorhalle so etwas wie Heerlager-Atmosphäre, Odem einer gelassenen Jugend, die nur beim Tanzen fröhlich überschäumt, sich gegenseitig inspiriert und eins auf kein keinen Fall ist: schwül!   **kk**

Abb. 44: Pressetext zu den Fotos von Seite 73.
© Vermutlich WAZ oder NRZ.

Starfotos und Klamotten

Als ich im Februar 1968 meinen 20. Geburtstag hatte, feierte ich mit Manfred und der ganzen Lotharhallen-Clique als Hippies verkleidet Karneval. Die bunten Stoffe hatte ich gekauft und Manfred ein langes Hemd und mir eine Hose genäht. Zur Anprobe musste er natürlich zu mir nach Hause kommen, was meine Mutter ganz und gar nicht toll fand, da sie ihn noch nicht kannte und das Ganze auch noch mit Aus- und Anziehen zu tun hatte. Die Hose habe ich so geliebt, dass ich sie später auch bei Auftritten trug.

Abb. 45: © Privatsammlung

75

Abb. 46: Marianne, Ilse
© Privatsammlung

Unser Manager Wilfried, der ein guter Fotograf war, brauchte immer neue Bilder. Mit den Fotos suchte er dann Veranstalter auf oder gab sie an die Presse weiter. Heute weiß ich, dass er sich die Hacken abgerannt haben muss, um die vielen Auftritte heran zu schaffen. Nachträglich ein dickes Dankeschön! Wir Mädels waren tagsüber beruflich so eingespannt, dass wir dazu überhaupt keine Zeit hatten.

Wir überlegten ständig, mit welcher Kleidung wir auftreten könnten. Kleidung war bei uns jungen Leuten auch manchmal Protest gegen die überlieferten Kleiderordnungen zum Beispiel der Tanzschulen, der Eltern, der Schule oder des Ausbildungsplatzes. Auf der Bühne wollten wir immer etwas Ausgefallenes oder Auffälliges tragen, den von Mary Quant erfundenen Minirock ebenso wie schrille, bunte Outfits. Für die ersten Werbefotos posierten wir in bunten Synthetikanzügen mit Pop-Art-Mustern in pink-weiß-orange. In diesen Dingern schwitzten wir bei Auftritten fürchterlich!

Irgendwo im Revier machte Wilfried Fotos von uns in einem Park. Dazu hatten wir bunte Tunikas und Blümchenblusen, eine Fellweste, einen Poncho und unsere schwarzen Hosen angezogen. Natürlich durfte bei dem Outfit für die Bilder, ebenso bei den Auftritten, die Schminke im Gesicht nicht fehlen. Besonders wichtig waren ein dicker, schwarzer Lidstrich und viel Wimperntusche. Das reichte Marianne aber durchaus nicht, sie brauchte vor dem Spiegel bestimmt doppelt so lange wie wir anderen. Unter ihre Augen malte sie einzelne, breite, auffällige und effektvolle Wimpern auf die Haut. Ob sie sich das bei Julie Driscoll, damals Sängerin bei Brian Auger's Band *Trinity* (GB), abgeguckt hatte? Das Model Twiggy schminkte sich genauso.

Abb. 47: V.l.n.r.: Ilse, Marianne, Hilla, Rita
© Privatsammlung Wilfried Kaute

Wilfried fuhr mit uns nach Moers, um dort an der B 60 vor einem Scheunentor neue Fotos zu machen. Der Regen wollte an diesem Tag nicht enden und so holten wir unsere bunten Schirme aus dem Auto. Wir trugen unsere selbstgenähten schwarzen Samtanzüge, dazu weiße Blusen. Marianne fiel aus dem Rahmen und trug ihr "kleines Schwarzes".

Abb. 48: V.l.n.r.: Rita, Hilla, Marianne, Ilse
© Privatsammlung Wilfried Kaute

Selbstbewusst

Wir wurden von den Bands, in denen nur Jungs spielten, äußerst kritisch beäugt und nicht selten sogar überheblich angequatscht: "Könnt ihr überhaupt Gitarre spielen?" oder "Wat wollt ihr denn hier?". Bei den Festivals ging es darum, den besten Platz zu ergattern, da wollten sie uns ein wenig einschüchtern und deutlich machen, dass Beatmusik eine Sache des männlichen Geschlechts ist. Vielleicht dachten sie, wir hätten mehr Chancen beim Publikum, weil wir schon mal mit dem Slogan "Viermal Sex und Beat" angekündigt wurden.

In der Werbung für eine weibliche Beatband kam es den Veranstaltern oft nicht so sehr auf die musikalischen Qualitäten an. Hauptsache, durch uns wurde viel Publikum angelockt.

Der "normale" Bürger fand es unanständig, wenn Frauen sich in Kneipen und Lokalen aufhielten, noch dazu, um Rockmusik zu machen. Richtig "angemacht" wurden wir jedoch nie, da unsere Freunde meist in der Nähe waren. Ein paar Flirts gab es dagegen schon.

Nicht ganz unproblematisch waren unsere Auftritte in der Ferne, wenn es darum ging, in einem Hotel zu übernachten. Es war undenkbar, mit dem Freund, unverheiratet und noch nicht volljährig, ein Doppelzimmer zu bekommen. Deshalb war es ein großes Glück, dass wir in Rüsselsheim nicht nach unseren Papieren gefragt wurden.

Unser Selbstbewusstsein stieg von Auftritt zu Auftritt und uns war klar, dass wir in der männlich dominierten Musikszene etwas Besonderes darstellten.

Abb. 49: 1968, Coburg
© Privatsammlung

Aufgelöst

1968 und 1969 waren erfolgreiche Jahre für unsere Band und so dachten wir im Sommer 1969 darüber nach, unsere Berufe aufzugeben und als Berufsmusikerinnen mit der Band weiterzumachen. Aber ich hatte gerade erst in meinem Beruf als Kindergärtnerin Fuß gefasst, liebte meine Arbeit mit den Kindern und wollte sie auf keinen Fall gegen eine unsichere Zukunft als Berufsmusikerin eintauschen. 1970 heiratete ich dann meinen "Roadie" Manfred und bildete mich musikalisch für meinen Beruf als Musiklehrerin fort.

Ich verließ die *Rag Dolls* im September 1969. Bis Dezember 1969 hatten Rita, Hilla und Marianne noch einige Auftritte zu dritt.

Rita heiratete ihren Freund, den wir immer "Blacky" nannten, verabschiedete sich von ihrem Bass und machte nie wieder Musik. Da sie nicht in unserer Nähe lebte und wir keinen Kontakt hatten, verlor sich für Jahre ihre Spur. Ich hörte von Rita durch einen Anrufer, der die Werbung zur DVD "Halbstark an Rhein und Ruhr" in der Zeitung gesehen hatte. Durch seine Vermittlung konnte ich Kontakt zu ihr in Leverkusen aufnehmen.

Renate "Dixie", die zusammen mit Rita die *Rag Dolls* gegründet hatte, und zu *The Liverbirds* gewechselt hatte, starb 1975.

Abb. 50: Hilla mit *The Other People*, 1970.
© Privatsammlung

Hilla, unsere Schlagzeugerin, lernte einen Profimusiker aus Nürnberg kennen, den sie heiratete. Zusammen mit einem weiteren Musiker spielten sie zwei Jahre in Norwegen als *The Other People*. Hilla sang und spielte Bass. Mit ihrem Mann führte sie lange ein Musikgeschäft in Nürnberg und gab Unterricht. Der Kontakt zu Hilla ist nie abgebrochen. Sie lebt heute in der Nähe von Nürnberg.

Abb. 51: Marianne mit *Famo Plus*, 1970er Jahre.
© Privatsammlung

Marianne lernte einen italienischen Musiker kennen, den sie heiratete. Mit ihm besuchte sie einmal auch Hilla. Dann hörten wir lange nichts mehr voneinander, denn Marianne war 14 Jahre lang mit der italienischen Band *Famo Plus* überwiegend in Italien und Skandinavien unterwegs.

Danach lebte Marianne wieder im Ruhrgebiet. Sie nahm jedoch keinen Kontakt zu einer von uns auf.

Marianne starb 2003 nach einer schweren Krankheit.

Am 10. August 2008 trafen wir drei "Lumpenpuppen" Hilla, Rita und ich uns bei mir zu Hause und tauschten Erfahrungen, Fotos und Presseberichte aus. Mein Mann Manfred saß für mich am Scanner. Mit einem ehemaligen *Rag Doll* verheiratet zu sein, ist manchmal zeitraubend.

Wilfried, unser Manager und Fotograf, lebt heute in Köln und betreibt dort eine Filmproduktionsfirma. Bei unserem Treffen 2008 war er nicht dabei, weil ich ihn erst 2010 über das Internet wiedergefunden hatte.

Ilse Jung - Biografisches

Musikerfahrungen

Ich wurde im Februar 1948 geboren und lebte seit meinem sechsten Lebensjahr mit meinen Eltern und meiner drei Jahre jüngeren Schwester in der Siedlung am Werthacker, am Ruhrschnellweg in Duisburg-Duissern.

Mein Vater spielte oft Klavier oder Akkordeon, meine Mutter ein wenig Klavier und Blockflöte. In jedem Jahr zu Weihnachten wurde gesungen und musiziert. Ich bekam mit zwölf Jahren den ersten Klavierunterricht. Um zum Unterrichtsort zu gelangen, musste ich bei Wind und Wetter eine halbe Stunde mit dem Fahrrad zurücklegen. Im Unterricht wurde nur klassische Klavierliteratur gelehrt.

Mit 14 Jahren schwärmte ich für Conny Froboess und Peter Kraus, ging in ihre Musikfilme und kaufte mir von meinem Taschengeld zwei Singles. Meine Freundin Ingrid und ich hatten ein Conny-Album, in das wir Fotos und Texte aus Zeitschriften einklebten. Wir sangen oft Conny-Lieder, später auch mal vor der Schulklasse.

Nachdem ich den Klavierunterricht nach sechs Jahren zum Entsetzen meiner Eltern beendete, bekam ich nach langem Bitten und Betteln eine Gitarre geschenkt. Es war eine Wandergitarre von Höfner, die ich heute noch besitze. Zuhause übte ich die wenigen Gitarrengriffe, die mir bekannt waren. Im Urlaub lernte ich einen Jungen kennen, der mir neue Griffe zeigte und aufschrieb. Literatur zur Liedbegleitung mit Gitarre gab es damals noch nicht oder kannte ich nicht. Auch in der "Mundorgel", einem Liederheft, das in Jugendgruppen zum Einsatz kam, standen damals noch keine Akkorde bei den Liedern. Liedtexte fand ich manchmal in Jugendzeitschriften und die passenden Gitarrenakkorde hörte ich mir heraus, wenn etwas im Radio lief. Meist hörte ich Radio Luxemburg mit einem kleinen Mini-Radio und Ohrstöpseln. Ich spielte die kritischen Folksongs von Bob Dylan und Joan Baez.

Abb. 52: Die erste Gitarre, 1965
© Privatsammlung Ilse Jung

Dann meldete ich mich zu einem Gitarrenkurs im Jugendheim Haus Duissernberg an. Dort lernten wir nach Noten zu zupfen, was sehr mühsam und langweilig war, denn die meisten von uns Jugendlichen wollten Lieder begleiten. Deshalb setzte ich den Kurs nicht fort.

Das Beste war jedoch, dass im Keller dieses Hauses am Kursabend immer eine Band probte, die *The Rolling Beats* hieß. Dort hörte ich zum ersten Mal "Poor Boy". Ich konnte nicht genug vom Sound der Beatmusik bekommen und ging jede Woche als Zuhörerin zur Bandprobe. Das spornte mich an, zu Hause weiter Gitarre zu üben. Von da an ging ich auch am Wochenende in andere Jugendheime, um mir Beatbands anzuhören und zu tanzen.

Ich besuchte auch Tanzabende der "Brücke" in Duisburg und Umgebung. Die "Brücke" war eine Veranstaltungsreihe für die Jugend, die der holländische Kaplan Hoogeveen ins Leben gerufen hatte. Einige Jahre konnten wir dort zu erschwinglichen Preisen zu der Livemusik lokaler Bands tanzen und uns vergnügen. Zu dieser Zeit ahnte ich noch nicht, dass ich selbst zwei Jahre später am 15.09.1968 in Oberhausen bei einer "Brücke"-Veranstaltung mit den *Rag Dolls* auf der Bühne stehen würde.

Abb. 53: Veranstaltungsplakat 15.09.1968 in Oberhausen
© Privatsammlung Peter Hoogeveen

Abb. 54: "Brücke"-Tanzveranstaltung 1967 im Kettelerheim Duisburg.
Frei getanzt zu Live-Beatmusik.
© Privatsammlung Ilse Jung

"Twist" war damals der neueste Modetanz. Den lernte man aber nicht in der Tanzschule (fast jeder ging damals in eine Tanzschule), sondern auf Jugendveranstaltungen. Ich werde nie vergessen, wie sich bei einem Tanzabend in einem Dorf während eines Eifel-Urlaubs die Bevölkerung über unsere Verrenkungen wunderte.

Jeweils am letzten Schultag vor dem Beginn der Ferien zog es viele Jugendliche, insbesondere Schülerinnen und Schüler, in die Innenstadt Duisburgs. Dort fand vor dem Eingang zu Karstadt der sogenannte "Heiratsmarkt" statt, bei dem Duisburger Bands spielten, zum Beispiel die *Misfits*, die *Swinging Scouts* und *The Guards*.

Die Musik der *Beatles* hatte ich bei den Tanztees der Tanzschule zum ersten Mal gehört. Meine Eltern waren Mitglied im Bertelsmann-Lesering und ich durfte mir ab und zu ein Buch aussuchen. Als dort die LP "Beatles For Sale" im Angebot war, griff ich sofort zu und bald darauf auch auf die EP-Sonderpressung der *Rolling Stones*.

Für das Konzert der *Rolling Stones* 1965 und der *Beatles* 1966 in der Essener Grugahalle war ich zu jung, hatte kein Geld und auch keine Bekannten, die mich begleiten konnten.

Leider konnte ich die ersten *Beat-Club*-Sendungen im Fernsehen nicht sehen, denn wir besaßen erst ab 1967 ein Fernsehgerät.

Im Frühjahr 1967 absolvierte ich mein Examen als Kindergärtnerin. Meine Eltern schenkten mir eine einwöchige Reise nach London und Umgebung. Dort pulsierte das Leben in den Clubs und auf der Straße. Leider ist es mir nicht gelungen, den berühmten Marquee Club mit Livemusik zu finden. Dafür fand ich für mich ein paar schrille Klamotten in Orange und Pink, die ich noch jahrelang trug.

Abb. 55-58: London, Carnaby Street. © Privatsammlung Ilse Jung

Ich begann meine Arbeit im Kindergarten und ging zur Fahrschule. Zu dieser Zeit war ich häufiger in Diskotheken zum Tanzen unterwegs und lernte dabei eines Tages einen Jungen kennen, der mir erzählte, dass seine Cousine Rita in einer Mädchenband Bass spielt. Sie hatten auch schon Auftritte im Ruhrgebiet, ich aber hatte von *The Rag Dolls* noch nie etwas gehört. Trotzdem bewarb mich bei ihnen, weil sie eine neue Gitarristin suchten.

Elternhaus

Mein Vater war bei der Kriminal-Polizei und bei uns zuhause gab es für uns zwei Töchter strenge Regeln. Als ich klein war, hieß es immer: "Wenn die Laternen angehen, kommst du rein." Als ich mit 17 Jahren zur Tanzstunde ging und wir noch kein Auto hatten – Papa hatte den Käfer von der Polizei nur an manchen Dienst-Wochenenden – musste ich mit dem letzen Bus, der um 22 Uhr in unsere abgelegene Siedlung fuhr, heimfahren. Mit Tanzschulbekannten durfte ich nie feiern, schon gar nicht, wenn ich von einem Jungen zu einer Party eingeladen war. Eine Aufklärung über das andere Geschlecht erfolgte überhaupt nicht, nur Warnungen, die Angst und Unsicherheit hervorriefen.

Bis auf eine Schulfreundin hatte ich niemanden, mit dem ich etwas unternehmen konnte, und ich fühlte mich oft traurig und einsam. Wenn im Wohnzimmer "sturmfreie Bude" war, legte ich meine wenigen LPs auf den Plattenteller in der Musiktruhe, einem Möbelstück mit Radio, Lautsprechern und Plattenspieler. Mit einem Mini-Radio und Ohrstöpsel im Ohr hörte ich heimlich im Bett Radio Luxemburg und British Forces Broadcasting Service (BFBS), ein Netzwerk von Radio- und Fernsehsendern für die britischen Truppen. Die Eltern hörten die neumodische Musik nicht gern. Neben Opern, Operetten und Marschmusik hörten sie deutsche Schlager (Lys Assia, Vico Torriani, Peter Alexander).

In wohlbehüteten, unterschiedlich strengen und konservativen Elternhäusern aufgewachsen, war es für uns Mädchen zunächst nicht leicht, unseren Wunsch nach Unabhängigkeit vom Elternhaus, der einherging mit unserem Ansinnen, in einer Mädchenband zu spielen, durchzusetzen. Die Väter meiner Mitspielerinnen bekam ich selten oder gar nicht zu Gesicht. Ich weiß nur, dass Hillas Vater Kranführer, Ritas Vater Arbeiter und Mariannes Vater Rheinschiffer war.

Wir wohnten alle noch zuhause und ich bin heute sehr erstaunt, wenn ich darüber nachdenke, dass meine Eltern trotz des strengen Reglements, das bei uns herrschte, eine ungeheure Akzeptanz gegenüber der Beatband an den Tag legten. Vielleicht auch ein wenig Stolz? Ich glaube, mein Vater freute sich, dass ich mich wieder mit Musik beschäftigte.

Außerdem sah er es lieber, dass ich Mädchen um mich hatte und keine Jungs. Als wir den Probenraum in der Stadt verloren hatten, durften wir sofort in unserem Keller proben. Mein Vater kam sogar ab und zu zum Zuhören herunter. Mit einer Jungenband hätte ich mit Sicherheit nicht unterwegs sein dürfen.

Zum Glück haben die Eltern nicht erlebt, in welchen Kneipen wir manchmal gespielt haben. Sie hätten die Hände über dem Kopf zusammengeschlagen. Eine Beruhigung war für sie, dass mich mein Freund Manfred, den sie sehr mochten, immer begleitete.

In den Anfängen der Band hatten die Mütter ein Auge auf ihre noch sehr jungen Töchter. Sie fuhren sie überall hin und wachten darüber, dass ihnen nichts geschah.

Damals waren es die Frauen, die *The Rag Dolls* nach Kräften unterstützten.

Freizeit

In meiner Freizeit ging ich gern zum Tanzen in die Lotharhalle der Stadt Duisburg (früher eine Notkirche, dann ein Raum für Jugendtanz, heute ist sie ein Teil der Universität Duisburg-Essen.) Dort lernte ich im November 1967 Manfred kennen, den ich drei Jahre später heiratete.

An den spielfreien Wochenenden gingen wir oft in die Diskotheken im Ruhrgebiet. Unsere beliebteste war das *Go Go Metropol* in Marl. Dort legte ein Disk-Jockey nicht nur Platten auf und erzählte etwas über die Bands, er sorgte auch dafür, dass bei dem Song "Fire" seine ihn umgebende Theke in Flammen stand – ein wahrer Feuerwerker! Zwischen den Tanzzeiten konnte man dort in Fortsetzungen ganze Filme gucken, meist alte Edgar-Wallace-Krimis und Zeichentrickfilme wie zum Beispiel "Popeye der Seemann".

Manchmal fuhren wir auch nach Düsseldorf und besuchten dort die Diskothek *Creamcheese*, in der einem schwindlig werden konnte. Laute psychedelische Musik (live trat dort einmal die Gruppe *Kraftwerk* auf), Qualm, viele Spiegelflächen, Bildschirme, Stroboskope, Blitzlichter und Blaulicht verwandelten diese Disko in eine besonders kunstvolle Höhle, die wegen ihres angeblichen Drogenumschlags berühmt-berüchtigt war. Bis heute glaubt uns niemand, dass wir dort nicht mit Drogen in Berührung gekommen sind.

Wir besuchten Konzerte der *Rolling Stones, Jethro Tull, The Who, Golden Earring, Led Zeppelin, Deep Purple* und anderen in der Essener Grugahalle, sahen *Santana, Cat Stevens, Branduardi, Fleetwood Mac* in der Düsseldorfer Philipshalle und *Black Sabbath* in der Duisburger Mercatorhalle. Danach fand in der Mercatorhalle kein Rockkonzert mehr statt.

Später besuchten wir oft in Düsseldorf das Rock-Lokal "Weißer Bär", das mich zu einem Gedicht inspiriert hat:

düsseldorf altstadt

so ist es
nur
an dem bestimmten ort
bis weit
nach mitternacht
in schummrigen gefilden
an theken
bierdeckelleicht gedeckt
vor spiegelwändenflaschen
kopfüber kopfunter
vieldösige gesichter
schubladen cds drei player
nonstop
rocksongs erster güte
ohne worte zu verlieren
einsaugen
tanzzuckende zehen
teils
auf tischen
unterm tresen
so ist es
nur
im **weissen bär** gewesen

© ilse jung

Rockmusik reloaded

Ich arbeitete noch einige Jahre im Kindergarten, bekam zwei Töchter und kaufte mit meinem Mann ein altes Haus. Darin eröffnete ich eine Musikschule.

Unsere Mädchenband geriet in Vergessenheit. Manfred spielte manchmal auf seiner Gitarre Cat-Stevens- und Beatles-Songs oder Lieder von Hannes Wader, aber auch einige von Witthüser und Westrupp oder Degenhardt. Bei Feiern hatte er fast immer die Gitarre dabei und spielte sich die Finger wund.

1991 hatte ich plötzlich den Wunsch, endlich mal eine eigene E-Gitarre zu besitzen. Ich bekam sie von Manfreds Tante Lilli geschenkt, dazu einen kleinen Verstärker, auch "Brüllwürfel" genannt. Die schöne rote Fender-Strat, die dekorativ im Wohnzimmer herumstand, wurde ab und zu von Manfred gespielt. Ich hatte keine Zeit.

In den Sommerferien 1992 sahen wir uns im Fernsehen eine Oldieshow mit Thomas Gottschalk an. Eigentlich hörten wir lieber neue Rockmusik, ließen aber an diesem Abend eine Ausnahme zu. Wir fanden es herrlich, viele Bands zu erleben, zu deren Musik wir beide in der Lotharhalle getanzt haben und die wir als Discjockeys dort zeitweise selbst aufgelegt hatten. Dabei kamen bei mir seltsame Gefühle hoch und die Erinnerungen an die Zeit mit den *Rag Dolls* waren wieder da.

Mein Blick fiel auf die rote Gitarre und ich sagte zu Manfred:

"Warum machen wir das eigentlich nicht selber?"

"Was?", kam aus der anderen Sofaecke zurück.

"Na Rockmusik, wie die da im Fernsehen! Die E-Gitarre hätten wir ja schon! Ich könnte wieder Rhythmus spielen, du singst, und den Vater einer Schülerin, der zuhause immer allein Gitarre spielt, fragen wir nach den Ferien, ob er Lust hat, mitzumachen."

Die Schnapsidee war geboren. Gitarrist Jürgen sagte sofort zu. Er hatte in den 1980er Jahren in der Duisburger Band *Mischmaschine* Sologitarre gespielt. Schon in der darauffolgenden Woche stand er mit Gitarre, einem alten Bass und seinem Vox-Verstärker bei uns im Wohnzimmer. Das war die Geburtsstunde unserer Band, für die wir später den Namen *Still Alive* aussuchten.

Es stellte sich schnell heraus, dass ich Bassspielen lernen musste. Manfred wurde unser Rhythmusgitarrist und Sänger. Schnell war auch ein Schlagzeuger gefunden. Tochter Melanie entwarf das Logo der Band. In den Anfängen unserer Band gab es ein paar nette Musiker von den *Ravels* (Initiative Parish-House-Rock) und anderen Bands u.a. *Meiderich Gefühlsecht*, die uns unterstützten und den einen oder anderen Auftritt für uns organisierten oder mit uns gemeinsam spielten. So bekamen wir unsere ersten Auftritte.

Still Alive

2001 nahmen wir unsere CD "Take Me With You" auf.

Unsere Band verfügt inzwischen über ein Repertoire von fast einhundert Stücken, die unterschiedlicher nicht sein können. Unsere Instrumentierung besteht aus Gitarren, Bass, Mandoline, Geige, verschiedenen Flöten, Keyboard, Schlagzeug und verschiedenen Percussionsinstrumenten. Sie ermöglicht uns Rock- und Folkmusik in unterschiedlichen Spielarten zu präsentieren. Neben Covermusik für Feiern liegt unser Schwerpunkt auf der Komposition eigener Stücke, mit denen wir ein Konzertprogramm anbieten können. Mir macht es viel Spaß, mit Manfred auch als *DUO Still Alive* in Aktion zu treten.

Abb. 59: V.l.n.r. Ilse, Manfred, Jürgen
Abb. 60: Manfred, Heinrich, Jürgen, Ilse
© Privatsammlung Ilse Jung

Ausblick

Fünfzig Jahre sind vergangen, seit *The Rag Dolls* gegründet wurden.

Für Mädchen und Frauen in der Rockmusikszene hat sich die Situation enorm geändert. Heute sind sie als Gitarristin und Sängerin anerkannt, spielen Bass und Schlagzeug in Bands und schreiben Songs für bekannte Künstler(innen). Reine Frauenbands sind aber immer noch eine Seltenheit.

Ab 1991 gab es im Ruhrgebiet die Initiative *rocksie* um Stefanie Denger, Sibylle Thomzik und Dr. Judith Krafczyk. Sie förderte Frauen in der Rockmusik, indem sie Auftrittsmöglichkeiten, Workshops und Austausch anbot. Leider wurde das Projekt in den 2000er Jahren eingestellt.

Im Blick der Öffentlichkeit, aber auch im allgemeinen Kulturbetrieb, erfährt die Rockmusik immer noch nicht die Anerkennung, die ihr nach ihrer enormen Entwicklung in den letzten fünfzig Jahren zusteht. Die heute in Musikschulen ausgebildeten Instrumentalisten, die vielen kreativen jungen Leute, die texten und komponieren, erhalten kaum eine Chance. Es werden eher die klassische Musik und das Theater subventioniert. Die Rockmusik in ihrer heutigen musikalischen Vielfalt muss sich selbst privat organisieren und finanzieren.

Die großen Medien behindern musikalische Entwicklungen, indem sie immer wieder aufs Neue den schon bekannten Stars Sendezeit zur Verfügung stellen. Stadtfeste werden oft von auswärtigen Agenturen bestückt, sodass lokale Bands keine Möglichkeiten haben, in der eigenen Stadt aufzutreten. Anderen kleinen Veranstaltern fehlt die Finanzierung oder sie haben mit städtischen Auflagen zu kämpfen. So gibt es immer weniger Auftrittsmöglichkeiten unter annehmbaren Bedingungen.

Abb. 61: Rock Around The Clock, Ilse Jung 2010.
© Privatsammlung Ilse Jung

Mit der Band *Still Alive* habe ich so gut wie alles erlebt, vom Gig in den kleinsten Kneipen und auf Bühnenwagen mit wenigen Quadratmetern Größe, in Wohnzimmern, Vereinshäusern, unter Gartenpavillons, in Biergärten, bis hin zu riesigen Profi-Bühnen, in Hitze oder Dauerregen bei Stadt- oder Firmenfesten. Wir sammelten Erfahrungen in der eigenen Organisation von vielen Oldie-Nights mit mehreren Bands im Gemeindesaal. Wir schnupperten die Luft eines Tonstudios, spielen gern bei Privatfeiern, bei Jubiläen, Ausstellungen und Lesungen. Da mich die Musik immer mehr anregte, zu malen und Gedichte zu schreiben, bekam ich Lust, mit Manfred zusammen unter dem Namen KUCAF (Kulturcafe Baerl/Kuh-Kaff) auch Lesungen und Kunstveranstaltungen in meinem Wohnort, den ich schon immer als kulturelles Niemandsland empfunden habe, durchzuführen.

Ich bin also Bassistin, Flötistin, Songtexterin, Malerin, Poetin und Autorin geworden – alles durch die Musik!

Die Jahre mit *Still Alive* bescherten mir eine neue Wachheit und Wahrnehmung uns umgebender Unmöglichkeiten und Zumutungen. Meine Songtexte sind provokativ, kritisch, nachdenklich oder frech – nichts für Weghörer oder Berieselungsgewohnte. Manfreds Texte sprechen vom Leben, der Liebe oder alltäglichem Unsinn oder machen einfach Spaß.

Die Band steuert seinen Kompositionen ihren musikalischen Teil im Arrangement bei. Wir vertonen auch besonders eindrucksvolle Texte anderer Autoren, zum Beispiel "Judgment" von der srilankischen Schriftstellerin und Dichterin Anne Ranasinghe[18].

Die Musik ist laut und hat schon so manche Bekannte und Freunde verschreckt. Die Konzertbesucher unserer Altersgruppe, die sogenannten "Alt-68er", die damals dabei waren, die alles Verstaubte von sich gewiesen haben oder selbst gespielt haben, lassen sich

---

[18] Geboren in einer jüdischen Familie als Anneliese Katz am 02. Oktober 1925 in Essen. Sie gelangte 1939 mit einem Kindertransport nach England. Bundesverdienstkreuz am 13.10.2015 in Colombo.

kaum noch von der Couch locken, um uns in irgendwelchen schäbigen Lokalen anzuhören.

In unserem Lied "Meine Freunde" habe ich versucht, dies auszudrücken.

Meine Freunde

Wo bist du längst verlorenes Gefühl der Sixtees,
wo seid ihr wilden Zeiten der Rebellion,
wo seid ihr freizügig liebenden Studenten,
was ist aus euch geworden, meine Freunde,
was ist aus euch geworden - meine Freunde?

Der eine sitzt im Aufsichtsrat in einer schicken Firma,
der andere sitzt zu Hause, geht nicht mehr aus,
der dritte kandidiert für ´ne Partei,
für alte Freunde bleibt da keine Zeit.
Was ist aus euch geworden - meine Freunde?

Viel Neues wolltet ihr entdecken,
doch der Elan blieb auf der Strecke,
und aus den Flower-Power-Genießern
wurden angepasste Spießer.
Was ist aus euch geworden - meine Freunde?

Irgendwann blieb die Zeit für euch steh´n
und ihr habt abgehakt, was euch viel bedeutet hat.
Was ist aus euch geworden, was ist nur mit euch passiert,
dass alles, was ihr einmal wolltet,
nicht einmal in eurer Phantasie - existiert.
Was ist aus euch geworden, was ist nur mit euch passiert?

© ilse jung

105

Der alte Bekanntenkreis schrumpfte zusehends, als wir mit *Still Alive* anfingen. Vielleicht fanden es einige Leute einfach zu "spinnerig", mit 44 Jahren eine Rockband zu gründen.

Das Publikum, das wir bei unseren Auftritten treffen, ist immer toll und wir konnten viele neue Freundschaften mit Besuchern und Musikern schließen.

Und wenn "Gitarren-Dieter" mich mit einem Augenzwinkern "Uschi Obermeier" nennt und Bassist Franz mich mit "meine Lieblings-Ilse" begrüßt, wir zusammen mit befreundeten Musikern bei der einen oder andern Session jammen und klönen, dann wünsche ich mir, dass es auch noch nach vielen Jahren so weitergeht und ich bald mit einer kompletten Rentnerband auf der Bühne stehe.

Meine Zeit mit der Mädchenband in den 1960ern war ein außergewöhnlich wichtiger Teil meiner persönlichen Entwicklung und Lebensgeschichte. Abgesehen von "Groupie" Manni und meinen beiden Töchtern, waren *The Rag Dolls* das Beste, das mir passieren konnte. Ohne sie gäbe es *Still Alive* mit Sicherheit nicht.

It's
Only
Rock'n
Roll,
But
I
like
it
!

Abb. 62: Ilse Jung (links) und die in Düsseldorf geborene
"Queen of Metal" Doro Pesch
2013 bei der Ausstellung "ShePop – Frauen.Macht.Musik"
im Pop`n Rock Museum in Gronau.
© Privatsammlung Manfred Jung

Danksagung

Danken möchte ich Hilla, Rita, Wilfried und Elisabeth P. für ihre Bereitschaft, für dieses Buch historisches Material über *The Rag Dolls* zur Verfügung zu stellen, ebenso Marianne W. und Ella O.
Danke dem Filmteam um Per, ohne das ich nie auf die Idee zu dieser Dokumentation gekommen wäre.
Karl R. aus Laar half, Rita zu finden.
Carl K. danke ich für kontinuierliche Berichterstattung.
Wolfgang Kühnel aus Coburg danke ich für die Recherche in den Charts.
Christiane Schulz und Mary Dostal danke ich für Infos zu *The Liverbirds*.
Thorsten V. digitalisierte die alten Plakate.
Manfred erledigte Hausarbeit, damit ich schreiben konnte, scannte alte Bilder und Artikel ein.
Annika danke ich für das Aushalten der Verrücktheiten ihrer Eltern im Anfangsstadium der Band *Still Alive*. Danke, Melanie für das Band-Logo und dass wir einen deiner wunderbaren Songs covern dürfen.

Allen derzeitigen Musikern von *Still Alive*, die mit mir ihre Freizeit beim gemeinsamen Rocken verbringen, allen ehemaligen Schlagzeugern und Keyboardern ebenso herzlichen Dank!

Allen Fans von früher und heute –
danke, dass es euch gab und gibt!

Ilse

Nachwort

Man stelle sich einmal vor: Da spielen Frauen ganz selbstverständlich in Bands, sie treten auf Festivals im In- und Ausland auf, über sie wird in den Medien berichtet, sie dürfen frei reisen, sich unter Ihresgleichen ausprobieren, Erfahrungen sammeln, Kontakte knüpfen, mit ihrer Musik Geld verdienen, Interviews geben und Pläne schmieden. Junge Frauen und Männer jubeln ihnen zu...

Auch junge Männer möchten gerne Musik machen. Aber gesellschaftliche Normen behindern dies. Es wird nicht gern gesehen, wenn sie sich zu "freizügig" in der Öffentlichkeit bewegen, sie gehören ins Haus oder höchstens vor die Bühne, aber nicht in die Gastwirtschaft oder ins Scheinwerferlicht. Zu schnell könnten sie ihren "guten Ruf" verlieren. Für sie ist vorgesehen, eine Ausbildung zu absolvieren und eine Familie zu gründen. Mit der Erlaubnis ihrer Ehefrau dürfen sie später eventuell eine bezahlte Arbeit ausüben... Aber ein paar von ihnen lassen sich nicht beirren: sie haben einfach Spaß am Musizieren. Dafür nehmen sie auch in Kauf, dass Journalistinnen sie in ihren Berichten oft auf ihr Äußeres reduzieren, sie "Beat-Mäuschen" nennen, sie nach ihrem Beziehungsstatus fragen und ihren Bandnamen falsch schreiben. Als Männer bekommen sie nicht - wie die Frauen - Garderobenräume zur Verfügung gestellt, sondern sie müssen sich auf den Herrentoiletten umziehen. Ihre Eltern finden es beruhigend, dass sie in reinen Männerbands spielen, denn zusammen mit Frauen, das würde nicht toleriert werden, weil da allerhand passieren könnte! Ihre Auftrittsorte dürfen nicht allzu weit weg liegen, denn in Hotels dürfen die unverheirateten Paare nicht übernachten...

The Rag Dolls haben in den 1960er Jahren strukturelle und gesellschaftliche Hürden überwunden. Die meisten stammten aus Arbeiterfamilien. Nicht alle Eltern waren begeistert, wenn ihre Töchter

untypische Instrumente wie Schlagzeug oder Gitarre erlernen wollten statt Klavier oder Geige. Einige Band-Frauen haben sich auch
nach ihrer *Rag Dolls*-Zeit weiter der Musik verschrieben: in Bands
oder als Musiklehrerinnen. Mit 44 Jahren gründete Ilse Jung zusammen mit ihrem Mann eine neue Band, in der sie auch heute als
68-Jährige mit viel Spaß und Freude Rockmusik macht.

Es ist wichtig für Mädchen und Frauen, zu sehen, dass sie Vor-
bildfrauen wie die Mädchen und Frauen von *The Liverbirds* und *The
Rag Dolls* haben können.

Was in den 1950er Jahren der Rock'n'Roll war, war ab den 1963er
Jahren die Beat-Musik. Beides waren identitätsstiftende Musikkultu-
ren für die Jugend, die harmlose Freizeitvergnügungen und Mode-
trends sowie rebellische Interpretationsmuster boten:
"In aller Vereinzelung schaffte der Beat die Gemeinsamkeit, den
Zusammenhang, das Wir-Gefühl derer, die die gleiche Musik lieb-
ten, die Haare lang trugen, das gleiche feeling hatten (…) Der Beat
wollte nur uns, die Jugendlichen ansprechen, er war nicht für alle,
nicht für die Eltern, die Alten, die Reaktionäre, die Gefühllosen und
auch nicht für die Pfadfinder, die ordentlichen Kinder, die mit ihren
Eltern Hausmusik machten, die nicht neugierig waren (…) Der Beat
(…) gab uns Ausdruck und Identität."[19]

Der Beat gab auch den jungen Frauen von *The Rag Dolls* die
Möglichkeit für eine Freiheit fernab der elterlichen Kontrolle, für
Bewährungsproben in ihren Beziehungen und in der Musik. Und die
Erfahrung, wie man Spaß, Professionalität und Freundschaft mitei-
nander verbinden und unterstützende Strukturen nutzen kann. In
dieser wertvollen Zeit konnte Selbstbewusstsein und Bestätigung
gewonnen werden, wie es allen jungen Menschen zu wünschen ist.

Jana Reich, September 2016

---

[19] Jaenicke, Dieter: "Bewegungen. Versuch, die eigene Geschichte zu begreifen",
Berlin 1980, S. 26.

Abbildungsnachweis

Privatsammlung Peter Hoogeveen
Privatsammlung Ilse Jung
Privatsammlung Manfred Jung
Privatsammlung Wilfried Kaute
Privatsammlung Hilla Moll
Privatsammlung Christiane Schulz
Westdeutsche Allgemeine Zeitung
Westfälische Rundschau Kamen
Yamaha Music Europe GmbH, Rellingen

Filme

Ernst Ludwig Freisewinkel: "Frauen an der Ruhr", Dokumentation, WDR 1967.

Paul Hofmann: "Als der Kohlenpott noch schwarz-weiß war", Dokumentation, WDR 2001.

Werner Kubny, Per Schnell: "Halbstark an Rhein und Ruhr", Dokumentation, WDR 2006.

Oliver Schwabe: "Beat im Pott", Dokumentation, WDR 2015.

Literaturauswahl

Alenka Barber-Kersovan, Annette Kreutziger-Herr, Melanie Unseld: "Frauentöne - Beiträge zu einer ungeschriebenen Musikgeschichte", Coda Musikservice und Verlag, Forum Jazz Rock Pop, Band 4, Karben 2000.

John Clemente: "Girl Groups: Fabulous Females Who Rocked the World", AuthorHouse 2013.

Gillian G. Gaar: "Rebellinnen. Die Geschichte der Frauen in der Rockmusik", Argument Verlag, Hamburg 1994.

Heinrich Theodor Grütter: "Rock und Pop im Pott. 60 Jahre Musik im Ruhrgebiet", Klartext Verlag, Essen 2016.

Jens Hagen: "Mach mal bitte Platz, wir müssen hier stürmen – als der Beat nach Deutschland kam", M7 Verlag, Köln 2000.

Dieter Jaenicke: "Bewegungen. Versuch, die eigene Geschichte zu begreifen", Berlin 1980.

Wilfried Kaute: "Maloche und Minirock: Das Ruhrgebiet der 1960er Jahre", Emons Verlag, Köln 2013.

Hans-Jürgen Klitsch: "Shakin' All Over. Die Beatmusik der Bundesrepublik Deutschland 1963–1967", Fantasy Productions 2000.

Ulf Krüger: "Star-Club. Der bekannteste Beat-Club der Welt", Hannibal Verlag, Höfen 2010.

LWL-Industriemuseum: "Einfach anders! Jugendliche Subkulturen im Ruhrgebiet", Klartext Verlag, Essen 2014.

Antonia Meiners: "Kluge Mädchen". Darin: Ilse Jung: "Tolle Sache - eine Mädchenband im Ruhrgebiet", Elisabeth Sandmann Verlag, München 2006.

Reiner Niketta, Eva Volke, Stefanie Denger: "Frauen lernen Rockmusik. Zur Evaluation der rocksie!-Workshops" in Günter Olias (Hg.): "Musiklernen. Aneignung des Unbekannten", Die Blaue Eule, Essen 1994, S. 54-68.

rock`n`popmuseum u.a. (Hg.): "ShePOP: Frauen. Macht. Musik!", Telos-Verlag, Münster 2013.

Brigitte Rohkohl: "Rock Frauen", Rowohlt Verlag, Reinbek 1979.

Thorsten Schmidt (Hg.): "Beat-Club. Alle Sendungen, alle Stars, alle Songs", Kultur Buch, Bremen 2005.

Sigrid Schneider (Hg.): "Als der Himmel blau wurde. Bilder aus den 60er Jahren", Ausstellungskatalog, Pomp Verlag, Bottrop/ Essen 1998.

Sigrid Schneider (Hg.): "Frauen im Revier", Emons Verlag, Köln 2015.

Lu Seegers (Hg.): "Hot stuff. Gender, Popkultur und Generationalität in West- und Osteuropa nach 1945", Wallstein Verlag, Göttingen 2015.

"Die Legende der Liverbirds. Mary Dostal erzählt", in: "Das Viertel", März 2008,
Online unter: http://redaktion-bloemeke.com/wp-content/uploads/2009/10/4tel_03_08-www.pdf

Stichwortverzeichnis

Sach- und Fachbücher
- Gesellschaftskritik
- Frauen-/ Männer-/ Geschlechterforschung
- Holocaust/ Nationalsozialismus/ Emigration
- (Sub)Kulturen, Kunst & Fashion, Art Brut
- Gewalt und Traumatisierungsfolgen
- psychische Erkrankungen

sowie
… junge urbane Gegenwartsliteratur,
Krimis / Thriller, Biografien

… Art Brut und Graphic Novels

www.marta-press.de